W0083620

KÖNIGSHÄUSER

CHRISTA PÖPPELMANN

Compact Verlag

© 2008 Compact Verlag München
Alle Rechte vorbehalten. Nachdruck, auch auszugsweise,
nur mit ausdrücklicher Genehmigung des Verlages gestattet.
Chefredaktion: Dr. Angela Sendlinger
Redaktion: Alice Hassel
Produktion: Wolfram Friedrich
Abbildungen: Lidman Productions, Stockholm;
Gruppo Editoriale Fabbri, Mailand; dpa Picture-Alliance GmbH, Frankfurt;
Compact Verlag, München
Titelabbildungen: dpa-Picture-Alliance, Frankfurt
im Uhrzeigersinn: Ludwig II., Hochzeit von Grace Kelly mit
Prinz Rainier III., Ludwig XIV., Elisabeth II.
Gestaltung: Axel Ganguin
Umschlaggestaltung: Hartmut Baier

ISBN 978-3-8174-6607-8
5466071

Besuchen Sie uns im Internet: www.compactverlag.de

Inhalt

Deutschland und Österreich

Karl der Große hatte den Anspruch, über die ganze Christenheit zu regieren. Die späten Kaiser aus dem Hause Habsburg hatten kaum noch politische Macht über die deutschen Länder und lagen oft sogar im Krieg mit ihnen. Anfang des 19. Jahrhunderts gab es dann mehrere deutsche Königreiche nebeneinander und schließlich ein kurzlebiges Kaiserreich, das ganz anders als das mittelalterliche war. Gerade in Bezug auf ihre Monarchen ist die Geschichte der deutschsprachigen Länder so kompliziert und vielfältig wie kaum eine andere in Europa.

Karl der Große und Pippin der Bucklige

Das Königtum bei den Germanen

Bei den germanischen Stämmen spielen anfangs Familienclans und damit die Clanchefs eine zentrale Rolle. Weitere Führer werden in der Regel vom Thing gewählt, der Versammlung aller freien Männer eines Stammes. Das gilt vor allem für den **Heerkönig oder Herzog**, den Anführer bei Kriegszügen. Daneben gibt es noch Könige für Friedenszeiten, die aber wahrscheinlich keine wirklichen Entscheidungsbefugnisse haben, sondern eher eine Art **oberster Repräsentant** des Stammes sind, der religiöse Riten leitet und bei Streitigkeiten zu vermitteln versucht. Aber genau weiß man das nicht, da die Germanen keine schriftlichen Zeugnisse hinterlassen haben.

Arminius

Vermutlich wird die Entstehung eines mächtigeren Königtums bei den Germanen von den Römern forciert. Denn diese brauchen, um zu verhandeln, Anführer, die für möglichst viele Leute verbindlich sprechen können. Also fördern sie Adlige wie Arminius (um 17 v. Chr.–21 n. Chr.), einen Fürstensohn vom Stamm der Cherusker. Er wächst als römische Geisel auf, wird Offizier der germanischen Hilfstruppen in römischen Diensten und soll schließlich als Fürst seines Stammes das Bündnis mit den Römern sichern. Doch was der römische Statthalter Varus fordert, ist für einen Großteil der Germanen nicht akzeptabel. Im Konflikt zwischen Römern und Germanen entscheidet sich Arminius für die Germanen und vernichtet in der **Schlacht im Teutoburger Wald** (die in Wahrheit bei Bramsche stattfindet) drei Legionen. In den Jahren danach wehrt Arminius als Anführer mehrerer Stämme die Strafexpeditionen der Römer ab. Doch kaum haben die Römer sich endgültig zu-

rückgezogen, wird Arminius von seinen früheren Verbündeten vorgeworfen, er strebe nach einem Königtum nach römischem Vorbild. Schließlich wird er von Verwandten umgebracht.

Die Könige der Völkerwanderung

Nichtsdestotrotz zeigen Funde von Fürstengräbern deutlich, dass die Germanen in der Folgezeit aristokratischer werden. Die Stämme, die während der Völkerwanderungszeit ins Blickfeld der Geschichte geraten, werden alle von Königen angeführt. Ob allerdings bereits ein erbliches Königtum üblich war, weiß man nicht. Jedenfalls machten die Römer wieder die Söhne der Anführer verbünde-

Theoderich der Große

ter Stämme zu Offizieren und bauten sie so als Nachfolger ihrer Väter auf, so z. B. den Ostgotenkönig **Theoderich den Großen** (um 454–526). Spätestens mit der Gründung der germanischen Reiche am Ende der Völkerwanderungszeit etablieren sich dann erbliche Königsdynastien.

Das Frankenreich

Am Niederrhein ist es der Anführer der Salfranken, **Childerich**, der sich als Herrscher eines Reiches durchsetzen kann, das sich bei seinem Tod im Jahr 481 zwischen Boulogne, Nancy, der Rhön und dem Ijsselmeer erstreckt. Teilweise gehört dieses Gebiet noch zum Römischen Reich und Childerich ist als Verbündeter Roms sein Verwalter, teilweise hat er das Territorium von anderen germanischen Stämmen erobert. Childerichs Sohn **Chlodwig** (466–511) schert sich dann nicht mehr um Rom. Er unterwirft sich die Reste der einstigen Provinz Gallien, aber auch die Stammesgebiete der Alemannen und einen Teil des Westgotenreichs in Südfrankreich.

Die Merowinger

Unter Chlodwig und seinen Nachkommen vollzieht sich ein bemerkenswerter Wandel. Während früher die Macht in den Händen des germanischen Adels liegt, der den König wählt, entmachtet Chlodwig die fränkischen Clanchefs

und Kleinkönige und setzt Leute seines Vertrauens in wichtige Positionen ein. Das Königtum aber wird erblich und für die königliche Sippe ein vererbbares Gottesgnadentum, das „Königsheil", reklamiert. Folglich werden nach Chlodwigs Tod auch alle vier seiner Söhne Könige. Das kann natürlich nicht gut gehen: Anfangs haben die Brüder noch Erfolg und erweitern das Frankenreich so beträchtlich, dass es zum Vorläufer der heutigen Staaten Frankreich, Deutschland, der Beneluxländer und der Schweiz wird. 524 stirbt Chlodomer. Er hat drei Söhne, die nun auch alle Könige werden müssten. Doch Chlodomers Brüder töten zwei der Neffen und schicken einen dritten ins Kloster. Dies ist nur der Auftakt zu mehreren derartigen Familientragödien, für die das Geschlecht der Merowinger bekannt wird.

Chlodwigs Taufe

Ihren Namen haben die Merowinger von einem sagenhaften Ahnen namens Merowech, der der Sohn eines Meeresungeheuers gewesen sein soll. Außerdem berichten die historischen Geschichtsschreiber von den langen Haaren der Merowinger. Da damals alle Adligen langes Haar trugen, müssen die Schöpfe der Könige besonders wallend gewesen sein.

Der Kampf der Königinnen

567 beginnt ein Familienkrieg, die aller Wahrscheinlichkeit das **Nibelungenlied** inspiriert hat. Chilperich I. (um 535–584) von **Neustrien,** dem Westteil des Merowingerreichs, lässt seine Frau Gailswintha erdrosseln, um seine Geliebte **Fredegunde** zu heiraten. Das führt zum Krieg mit seinem Bruder Sigibert I., der über den Ostteil **(Austrien)** herrscht und mit Gailswinthas Schwester **Brunhilde** verheiratet ist. 575 wird Sigibert ermordet, 584 Chilperich. Die genauen Hintergründe der Morde kennt man nicht, doch Fredegunde und Brunhilde führen den Bürgerkrieg im Namen ihrer minderjährigen Söhne weiter. Für Fredegunde übernimmt 597 ihr Sohn **Chlotar II.** (584–629), doch Brunhildes Söhne sterben

jung und sie muss für ihre Enkel regieren. 613 ermordet dann ein Enkel den anderen. Die alte Königin will nun dem Wahnsinn der Bruderkriege ein Ende machen und erhebt nur einen ihrer vier Urenkel zum neuen Regenten. Doch diesen Bruch mit der Tradition duldet der austrische Adel nicht. Er läuft zu Chlotar II. über. Der bringt Brunhildes Urenkel um

 Schon gewusst?

Unter den Merowingerköniginnen gibt es auch einige Heilige. Die burgundische Prinzessin **Chlothilde** (um 474–544) soll maßgeblich verantwortlich dafür gewesen sein, dass ihr Gatte Chlodwig und mit ihm große Teile der Franken den katholischen Glauben annahmen. **Radegunde** (518–587), eine thüringische Prinzessin, wurde von Chlodwigs Sohn Chlotar I. entführt und zur Ehe gezwungen. Nach zehn Jahren verließ sie ihren Mann und gründete in Poitiers ein Kloster, wo sie zur Wohltäterin der Armen wurde und höchstpersönlich in der Krankenpflege arbeitete. Gleichzeitig war sie eine äußerst gelehrte Frau, die alle Nonnen zu Studien ermunterte. In dieses Kloster steckte Fredegunde später ihre Stieftochter **Basina**. Der gefiel das so wenig, dass sie die Äbtissin von Kriminellen entführen ließ.

und lässt die steinalte Königin an den Haaren von einem Pferd zu Tode schleifen.

Der Aufstieg der Karolinger

Mit ihren Familienkriegen schwächen sich die Merowinger natürlich selbst. Als Chlotar II. 613 die Macht in Austrien übernimmt, muss er den beiden Führern des austrischen Adels **Pippin von Landen** (um 580–640) und Bischof **Arnulf von Metz** (582–640) Zugeständnisse machen. Pippin wird „Hausmeier", was eine Art Kanzlerschaft bedeutet. Unter Chlotars Enkeln verfällt das Reich in Anarchie. Der austrische Hausmeier **Pippin von Heristal** (um 635–714), väterlicherseits der Enkel von Arnulf und mütterlicherseits vom älteren Pippin, besiegt 687 den Hausmeier von Neustrien und kann die Herrschaft über das gesamte Reich übernehmen.

 Schon gewusst?

Pippin von Heristal war möglicherweise der erste, der den Begriff „Karl" (Kerl, Mann) als Vornamen für seinen Sohn Karl Martell benutzte. Dank Karl dem Großen wurde dann in verschiedenen osteuropäischen Sprachen aus diesem Namen das Wort für König, z. B. in Tschechien (kral), Polen (król), Serbien und Kroatien (kralj) und Ungarn (király).

Karl Martell

Die Merowinger sind zwar noch Könige, spielen aber politisch keine Rolle mehr.

 Strittige Vorfahren

Den Merowingern wurden im Laufe der Geschichte immer wieder zweifelhafte Vorfahren und falsche Nachkommen angedichtet. Besonders populär und durch den Bestseller *The da Vinci Code (Sakrileg)* verbreitet wurde die Darstellung des Franzosen Pierre Plantard (1920–2000), der behauptete, die Merowinger seien Nachkommen von Jesus Christus und Maria Magdalena. Und er selbst sei ein Nachfahre von König Dagobert II. (652–679). Nun sind die historischen Informationen über die Merowinger so ungenau, dass sie durchaus Nachkommen haben können, von denen man nichts weiß. Aber ausgerechnet König Dagobert II. adoptierte wegen seiner Kinderlosigkeit sogar einen Enkel des Pippin von Heristal

Die nächsten starken Männer im Frankenreich sind Pippins unehelicher Sohn **Karl Martell** (um 688–741) und sein Enkel **Pippin der Kurze** (714–768). 751 fädelt Pippin einen Deal mit dem Papst ein. Er hilft dem Heiligen Vater gegen die Langobarden und als Gegenleistung krönt dieser ihn zum König der Franken. Der letzte Merowingerkönig Childerich III. (um 720–755) wird gezwungen, Mönch in dem Kloster zu werden, in dem er schon vorher gefangen gehalten worden war.

Karl der Große

Karl der Große (747–814) muss sich nach dem Tod seines Vaters Pippin zunächst mit seinem Bruder Karlmann die Macht teilen. 771 stirbt Karlmann und Karl übergeht die Erbansprüche von dessen Söhnen. Karlmanns Witwe Gerberga flieht daraufhin zu dem Langobardenkönig Desiderius. Der ist zwar Karls Schwiegervater, aber durchaus daran interessiert, im Namen von Karlmanns Kindern Einfluss im Frankenreich zu bekommen und den zu mächtigen Schwiegersohn in die Schranken zu weisen. Doch Karl trennt sich von seiner Frau und erobert das Langobardenreich. Danach heiratet er noch dreimal und hat daneben jede Menge Konkubinen. Für seine Töchter erwägt er zunächst politische Verbindungen, etwa mit dem Kaiser von Byzanz, duldet

Karl der Große

aber schließlich, dass Bertha eine Liebesbeziehung mit seinem Hofkaplan Angilbert eingeht und Rotraud mit einem relativ unbedeutenden Grafen.

Das Kaiserreich

Weihnachten 800 beschließen Karl und der Papst einen großen Coup: Leo III. krönt Karl zum Kaiser eines neuen, aber diesmal christlichen **Römischen Reiches**. Damit erheben beide den Anspruch, dass Karl Oberhaupt aller christlichen Könige sein soll bzw. die noch heidnischen Gebiete unterwerfen darf. Karl herrscht tatsächlich über die christlichen Teile Europas (mit Ausnahme von Byzanz) und erobert zahlreiche heidnische Gebiete, u. a. Sachsen, Kärnten und Friaul. Doch er ist nicht nur ein erfolgreicher (und skrupelloser) Eroberer, sondern auch ein herausragender Regent, der seinem Reich eine stabile innere Ordnung gibt und es zu einer kulturellen Blüte bringt. Schon sein einziger überlebender Sohn **Ludwig der Fromme** (778–840) kann das Reich aber nur noch verwalten. Als er es unter seinen vier Söhnen Lothar, Pippin, **Ludwig dem Deutschen** (um 806–876) und **Karl dem Kahlen** (823–877) aufteilen will, kommt es zum Streit. Erst kämpfen die drei älteren Söhne auf dem „Lügenfeld" bei Colmar gegen den Vater und setzen ihn zeitweilig sogar ab, dann entsteht ein Bruderkrieg, der in mehreren Reichsteilungen endet. Da Lothar und Pippin früh sterben und keine Erben hinterlassen, bekommt Karl schließlich den Westteil und Ludwig den Osten.

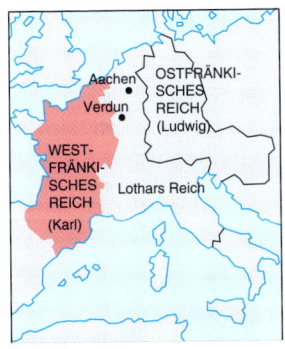

Aufteilung des Reichs

Das Ende des Frankenreiches

Unter Ludwigs Sohn **Karl dem Dicken** (839–888) wird das Karolingerreich noch einmal kurz vereinigt, dann gehen der west-

und der ostfränkische Teil eigene Wege. Auch die Kaiserwürde geht in der Folge verloren. Im Jahr 914 stirbt mit Ludwig dem Kind die ostfränkische Karolingerlinie aus. In diesem Reichsteil aber haben sich mittlerweile fünf Familien in blutigen Bürgerkriegen die erbliche Herzogwürde in Sachsen, Schwaben, Franken, Bayern und Lothringen erkämpft. Von diesen Herzögen stimmt nur einer, Reginhar von Lothringen, dafür, einen westfränkischen Karolinger zum neuen König zu wählen. Die anderen vier einigen sich auf den Herzog von Franken, der als **Konrad I.** (um 881–918) den Thron besteigt. Damit sind endgültig alle politischen und dynastischen Verbindungen zwischen den beiden fränkischen Reichen zerbrochen.

Die deutschen Könige des Mittelalters

Als Konrad I. im Jahr 918 kinderlos stirbt, wählen die deutschen Herzöge wieder einen König aus ihrer Mitte, diesmal den Sachsenherzog **Heinrich I.** (876–936). Damit sind die Weichen gestellt: Deutschland wird eine Wahlmonarchie. Aber die amtierenden Herrscher versuchen durch allerlei Zugeständnisse an die Großen des Reiches, ihre Söhne schon zu Lebzeiten zu Mitkönigen wählen zu lassen. Auf diese Weise herrschen zwar immer wieder Dynastien, ein „Erbrecht" auf die Krone gibt es allerdings nie.

Die Ottonen

Heinrich I. legt sich schon zu Lebzeiten fest: Sein zweiter Sohn Otto soll sein Nachfolger werden. Bei der Krönung, die **Otto I.** (912–973) bewusst feierlich in Aachen, der Stadt Karls des Großen, vollziehen lässt, fungieren die anderen vier Herzöge in zeremoniellen Hofämtern als Kämmerer, Truchsess, Marschall und Mundschenk. Doch es gibt bald Ärger. Otto ist nicht gewillt, eine automatische Erbfolge in den Herzogs- und Grafenfamilien zu dulden. Es kommt zum ersten Bürgerkrieg, den Otto gewinnt. Anschließend macht er seinen Bruder Heinrich zum Herzog von Bayern, seinen Sohn Liudolf zum Herzog von Schwaben und seinen Schwiegersohn Konrad den Roten zum Herzog von Lothringen. Doch auch das funktioniert nicht. Erst beginnt Heinrich, der mehr will, einen Bürgerkrieg, später auch Liudolf und Konrad, die ihre Position durch Ottos zweite Ehe gefährdet sehen. Nur auf seinen jüngeren Bruder, den gelehrten Erzbischof Brun von Köln, kann Otto sich bedingungslos verlassen. Das führt dazu, dass er auch anderen loyalen Bischöfen auf Kosten der Adligen mehr und mehr politische Befugnisse verleiht.

Das neue Kaiserreich

Mehr Glück hat Otto mit seinen Frauen. Die erste, die englische Königstochter Editha, soll er sehr geliebt haben. Nach ihrem Tod befreit er **Adelheid** (um 931–999), die junge, gebildete Witwe des Königs von Italien, aus den Händen des Markgrafen Berengar von Ivrea und heiratet sie. Dann erhebt er selbst Anspruch auf die italienische Königskrone und die seit 924 verwaiste Kaiserkrone. 963

? Schon gewusst?

Es soll Otto I. gewesen sein, der die achteckige deutsche Kaiserkrone anfertigen ließ – schon Jahre bevor er wirklich zum Kaiser gekrönt wurde. Doch genau weiß man das nicht. Vielleicht stammt sie auch erst aus dem 11. Jahrhundert. Heute wird sie mit den anderen **Reichskleinodien** (Reichskreuz, Reichsschwert, Heilige Lanze, Zepter, Reichsapfel) in der Wiener Hofburg aufbewahrt.

kann er den Papst zur Krönung nötigen. In der Folge reklamieren alle deutschen Könige ein Anrecht auf die Kaiserwürde für sich. Auch wenn manche ihren Anspruch nicht durchsetzen können (Konrad III., Philipp von Schwaben und alle Könige zwischen 1250 und 1493 mit Ausnahme von Heinrich VII., Ludwig dem Bayer, Karl IV. und Sigismund), gibt es keine Kaiser mehr, die nicht zugleich deutscher König sind. Ein Anspruch auf die Oberherrschaft über andere christliche Reiche, etwa Frankreich, wird

nicht mehr erhoben, wohl aber weiter die Unterwerfung und Christianisierung heidnischer Gebiete betrieben.

Geplatzte Träume

Seinen Sohn aus der Ehe mit Adelheid, **Otto II.** (955–983), lässt Otto schon als kleines Kind zum Mitkönig und Mitkaiser krönen. Auch Otto II. lässt seinen Sohn **Otto III.** (980–1002) als Dreijährigen krönen. Als er kurz später in Italien an Malaria stirbt, gelingt es seiner Mutter Adelheid und seiner Witwe, der byzantinischen Prinzessin **Theophanu** (um 960–991), sowie dem Mainzer Erzbischof Willigis, sich gegen andere Anwärter auf die Krone durchzusetzen und das Reich zu regieren, bis der junge Otto mit 14 Jahren für volljährig erklärt wird. Otto III. soll ein attraktiver Junge gewesen sein, der über große menschliche Wärme und eine unglaubliche Bildung verfügt. Und er hat große Träume: Er will in Rom regieren und Herrscher über eine geeinte, friedliche, christliche Welt sein. Also entlässt er die Fürsten Polens und Ungarns aus der Tributpflicht und akzeptiert sie als „königliche Brüder". Seine Versuche, in Rom einen sittenstrengen Papst einzusetzen, scheitern allerdings. Es kommt zu Aufständen und Massakern. Otto wird aus der Stadt vertrieben und stirbt mit 21 Jahren. Möglicherweise hat er nach den

Bluttaten, die auch von seinen Leuten begangen worden sind, seine Gesundheit mit radikalen Bußübungen zerstört.

Einen designierten Nachfolger gibt es nicht, aber Ottos Großcousin Heinrich von Bayern (973–1024) zeigt, wie man damals deutscher König wird: mit Durchsetzungskraft und Diplomatie. Er reitet dem Leichenzug Ottos entgegen, bemächtigt sich der Reichs-

insignien und lässt sich von seinen Anhängern in Mainz als **Heinrich II.** krönen. Dann beginnt er eine Deutschlandtour und wirbt bei den Fürsten um Akzeptanz. Das gelingt ihm so gut, dass es unter seiner Herrschaft keine nennenswerten Adelsrevolten oder gar Bürgerkriege gibt.

? Schon gewusst?

Eine deutsche Königin taucht in den Regierungslisten nicht auf und auch eine Bundespräsidentin hat es bis heute noch nicht gegeben. Wohl aber gab es weibliche Staatsoberhäupter und Regentinnen. Die Frauen der Ottonen waren gekrönte Königinnen und Kaiserinnen und übernahmen die Regierung, wenn ihre Männer etwa in Italien waren. Theophanu unterzeichnete Urkunden sogar als „imperator augustus", also als Kaiser. Otto III. machte zeitweilig seine Tante **Mathilde**, die Äbtissin von Quedlinburg, zur Regentin Deutschlands. **Kunigunde**, die Frau Heinrichs II., gehörte zum engsten Beraterzirkel ihres Mannes, wurde von diesem als Mitregentin bezeichnet und führte nach seinem Tod das Reich kommissarisch, bis ein Nachfolger gewählt war.

! Heinrich und Kunigunde

Heinrich II. und seine Frau Kunigunde von Luxemburg sind heiliggesprochen worden – angeblich weil sie eine „Josephsehe" führten, also auf Sex verzichteten. Ein Ausspruch des Kaisers aus dem Jahr 1007, dass er nicht mehr auf einen Erben hoffe, klingt allerdings nach ungewollter Kinderlosigkeit. Einige Historiker vermuten, dass Heinrich, der zeitlebens unter schwersten Koliken litt, vielleicht durch die Entfernung eines Blasensteins impotent geworden sein könnte.

Die Salier

Nach Heinrichs Tod bewährt sich das deutsche Wahlsystem. Es gibt keinen Erbfolgekrieg. Die Fürsten einigen sich auf den Grafen von Speyer, **Konrad II.** (990–1039), als neuen Herrscher. Diesem folgt sein Sohn **Heinrich III.** (1017–56). Auch dessen Sohn **Heinrich IV.** (1050–1106) wird schon mit drei Jahren Mitkönig. Doch als sein Vater stirbt, ist er erst sechs Jahre alt. Seine Mutter **Agnes von Poitou** (um 1025–77) übernimmt die Regentschaft. Die Mächtigen des Reiches akzeptieren das, doch als Gegenleistung für ihre Kooperation pressen sie der Königin Privilegien und Pfründe ab. Graf Rudolf von Rheinfelden nutzt – wenn man den Chronisten glauben darf – ein besonders infames Druckmittel, um die schwäbische Herzogswürde zu erlangen. Er entführt Agnes' elfjährige Tochter Mathilde (und heiratet sie später). 1062 entführt dann eine Fraktion, die mit Agnes' Politik unzufrieden ist, angeführt von Erzbischof Anno von Köln den zwölfjährigen Heinrich. Als dieser mit 16 Jahren selbst die Regierung übernimmt, befindet sich das Reich in Auflösung. Heinrich muss sich seine Akzeptanz erst

Heinrich IV. als Bittsteller

mit Waffengewalt erkämpfen, was ihm nur mit viel Glück gelingt.

Der Gang nach Canossa

Kurz danach macht sich Heinrich IV. den fanatischen Papst **Gregor VII.** (um 1020–85) zum Feind,

> **! Heinrich IV.**
>
> Nach seiner Entführung wurde Heinrich vom Kölner Erzbischof, den er hasste, sehr streng erzogen, während ihm zwei Jahre später ein neuer Vormund, der Erzbischof von Bremen, das Raufen, Saufen und Huren erlaubte. Mit 15 wurde er gezwungen, eine Frau zu heiraten, für die er keinerlei Sympathie empfand. Glaubt man papsttreuen, historischen Chronisten, dann führte diese schwierige Jugend zu einem schandbaren Leben. So soll Heinrich seinen Sohn Konrad gezwungen haben, seine eigene, zweite Frau, Praxedis-Adelheid von Kiew, zu vergewaltigen. Moderne Historiker halten das aber überwiegend für politisch motivierte Gräuelpropaganda. Skelettuntersuchungen zeigten, dass Heinrich ein athletischer Mann von 1,80 war. Eine Gesichtsrekonstruktion ergab ein markantes Aussehen mit hoher, breiter Stirn und großen, tief liegenden Augen unter geschwungenen Brauen.

der den deutschen Königen die Auswahl ihrer Bischöfe verbieten will.

Mit dem **Gang nach Canossa** kann Heinrich zwar den päpstlichen Kirchenbann wieder loswerden, doch die Päpste bleiben seine Gegner. Sie sorgen erst für die Aufstellung zweier Gegenkönige, darunter Rudolf von Rheinfelden, und überreden dann Heinrichs Sohn Konrad zur Rebellion. Als Heinrich später wieder gebannt wird, beginnt auch noch sein zweiter Sohn **Heinrich V.** (1081–1125) einen Bürgerkrieg, da er fürchtet, als Sohn eines Vogelfreien seine Thronansprüche zu verlieren. Um die Jahreswende 1105/1106 kann Heinrich seinen Vater, der wenig später stirbt, gefangen nehmen und zur Abdankung zwingen.

Staufer und Welfen

Als Heinrich V. 1125 kinderlos stirbt, hinterlässt er ein ziemlich zerrissenes Reich. Entsprechend schlecht klappt diesmal der Machtwechsel. Heinrich selbst wünscht sich seinen Neffen, den schwäbischen Herzog Friedrich II. aus der Familie der Staufer, zum Nachfolger. Doch die papsttreue Partei setzt den sächsischen Herzog **Lothar von Supplinburg** (1075–1137) als neuen König durch. Der verheiratet seine einzige Tochter mit dem bayerischen Herzog **Heinrich dem Stolzen**

(um 1108–39) aus dem Geschlecht der Welfen. Damit will er den Schwiegersohn als Nachfolger aufbauen, doch den Adligen ist Heinrich viel zu mächtig geworden. Sie wählen Konrad, den jüngeren Bruder Friedrichs von Schwaben, zum König. Heinrich der Stolze reagiert mit einem Bürgerkrieg, den erst sein Tod beendet. Als **Konrad III.** (1039–1152) stirbt, wird – möglicherweise auf seinen eigenen Wunsch hin – nicht sein junger Sohn, sondern sein Neffe **Friedrich Barbarossa** (1122–90) sein Nachfolger. Friedrich ist der Sohn einer Welfin und kann sich zunächst mit seinem Cousin **Heinrich dem Löwen** (1129–95), dem Sohn Heinrichs des Stolzen, versöhnen. Doch 1176 verweigert „der Löwe" Friedrich die Gefolgschaft und wird entmachtet.

Friedrich Barbarossa

Barbarossas Sohn **Heinrich VI.** (1165–97) vergrößert das Reich

16

durch seine Heirat mit der Erbin von Sizilien und möchte es gerne in eine Erbmonarchie umwandeln. Doch er stirbt mit 32 Jahren und das Reich erlebt einen zehnjährigen Bürgerkrieg zwischen der Stauferpartei, die Heinrichs Bruder **Philipp von Schwaben** (um 1179–1208) zum König wählt, und den Welfen, deren König **Otto IV.** (1175–1218) der Sohn des Löwen ist. Als Philipp stirbt, holen die Staufer Heinrichs Sohn **Friedrich II.** (1194–1250) aus Sizilien.

Friedrich II.

Der 16-jährige, rotblonde Prinz aus dem Süden fasziniert Deutschland und kann sich recht schnell durchsetzen. „Stupor mundi" (Staunen der Welt) wird er wegen seiner unglaublichen Bildung von den Zeitgenossen genannt. Dazu kommt eine modern anmutende Neugierde und große Offenheit gegenüber der Wissenschaft, anderen Religionen und Kulturen. Allerdings kümmert er sich hauptsächlich um Sizilien. In Deutschland setzt er seinen Sohn **Heinrich (VII.)** (1211–42) als Regenten ein. Doch während der Sohn darum ringt, sich politisch gegen den starken deutschen Adel durchzusetzen, zwingt ihn der Vater, der in Deutschland vor allem Ruhe haben möchte, immer wieder zu politischen Kurswechseln, die seine Stellung enorm schwä-

chen. Als er schließlich gegen seinen Vater rebelliert, wird er abgesetzt und eingekerkert. Nach neueren Erkenntnissen infiziert er sich in der Haft mit Lepra und bringt sich schließlich um.

Friedrich II.

Das Ende der Staufer

1245 eskaliert ein lange schwelender Konflikt zwischen Kaiser Friedrich und dem Papst. Der König wird gebannt und seine Gegner in Deutschland wählen einen Gegenkönig. Friedrichs zweiter

Sohn **Konrad IV.** (1228–54) gerät militärisch in Deutschland immer mehr in die Defensive. Als dann im Abstand von nur vier Jahren Friedrich und Konrad sterben, beginnen die Päpste, unterstützt vom französischen Prinzen **Karl von Anjou** (1226–85), einen Vernichtungsfeldzug gegen alle Söhne und Enkel, die Friedrich aus drei Ehen und zahlreichen Affären hat. So wird Manfred, dem Friedrich die Regentschaft über Italien übertragen hat, 1266 in der Schlacht getötet, sein Halbbruder Enzio, der König von Sardinien, bis zu seinem Tod 23 Jahre lang in Bologna eingekerkert und der letzte legitime Spross **Konradin**, der Sohn Konrads IV., 1268 im Alter von 16 Jahren auf dem Marktplatz von Neapel enthauptet, eine Tat, die auch damals für große Empörung sorgte.

Das Interregnum

Nach dem Tod Konrads IV. erklären die papsttreuen Fürsten in Deutschland den Grafen Wilhelm von Holland, den sie bereits 1248 zum Gegenkönig gemacht haben, zum neuen deutschen König. Als dieser 1265 stirbt, wählt ein Teil Richard von Cornwall und ein anderer Alfons von Kastilien. Richard kommt einmal nach Deutschland, Alfons nie. Faktisch gibt es keine Zentralgewalt mehr und die einzelnen Fürsten können ihre Machtbefugnis beträchtlich

erweitern. Dazu gehört auch, dass sie sich zusammen mit dem Papst einigen, dass künftig nur sieben „Kurfürsten" den deutschen König wählen, nämlich die Erzbischöfe von Köln, Trier und Mainz, der Graf von der Pfalz, der Herzog von Sachsen, der Markgraf von Brandenburg und der König von Böhmen. 1273 einigen sie sich endlich auf **Rudolf von Habsburg**, danach werden **Adolf von Nassau** und Rudolfs Sohn **Albrecht I.** deutsche Könige.

Die Luxemburger

Im Jahr 1308 wird **Albrecht I.** von einem Verwandten ermordet. Um die Krone bewirbt sich nun der französische Prinz Karl von Valois. Überhaupt versucht Frankreich, das bisher in friedlicher Koexistenz mit dem Kaiserreich gelebt hat, seit dem Sturz der Staufer, von der Schwäche des Nachbarn zu profitieren. Doch die Kurfürsten entscheiden sich überraschend für den Grafen von Luxemburg, **Heinrich VII.** (um 1278–1313). Der ist teils deutscher, teils französischer Lehensmann und es gelingt ihm, das Verhältnis der beiden Länder wieder zu beruhigen. Die Machtstellung der deutschen Fürsten lässt er unangetastet. Sein größter Coup ist dynastischer Art. Er verheiratet seinen Sohn Johann den Blinden mit der Erbin von Böhmen. Nach seinem Tod kommt es zum Konflikt. Mit **Ludwig dem Bayern** (1294–1302) und dem Habsburger **Friedrich dem Schönen** (1289–1330) werden gleich zwei Könige gewählt. 1346 überredet die papsttreue Partei in Deutschland dann Heinrichs Enkel Wenzel, sich als neuer Gegenkönig gegen Ludwig zur Verfügung zu stellen. Doch Ludwig stirbt schon ein Jahr später und Wenzel wird unter dem Namen **Karl IV.** (1316–78) allgemein anerkannter König. Er gilt als der bedeutendste Herrscher des Spätmittelalters, da er wenigstens ansatzweise dringend nötige innere Reformen durchsetzt. Als König von Böhmen macht er Prag zu einem kulturellen Zentrum Europas.

Karl IV.

Sein Sohn und Nachfolger **Wenzel** (1361–1419) entpuppt sich jedoch als so unfähig, dass er im Jahr 1400 auf Betreiben seines Cousins **Jobst von Mähren** (1351–1411) abgesetzt wird. Zum neuen König wählen die Kurfürsten erst **Ruprecht von der Pfalz**, dann Jobst und nach dessen plötzlichem Tod – man vermutet, es war Gift im Spiel – Wenzels jüngeren Bruder **Sigismund** (1368–1437). Der ist als Erbe seines Bruders König von Böhmen und als Erbe seiner ersten Frau Maria König von Ungarn und Kroatien. Diese geballte Macht gibt er an den Mann seiner einzigen Tochter weiter, **Albrecht II.** (1397–1439) aus dem Haus Habsburg.

 Schon gewusst?

König Wenzel soll ein paranoider Alkoholiker gewesen sein, der Menschen aus nichtigsten Anlässen hinrichten ließ. So ließ er 1393 den Generalvikar des Prager Erzbischofs, **Johannes aus Nepomuk**, foltern und in der Moldau ertränken. Der Legende nach soll sich der Heilige geweigert haben, dem König zu verraten, was dessen Frau ihm gebeichtet hatte. In Wahrheit war es wohl eher so, dass sich Johannes Nepomuk dem König in kirchenpolitischen Fragen widersetzte.

Die Habsburger

Der Schweizer Graf **Rudolf von Habsburg** (1218–91) wird 1273 vor allem deshalb zum deutschen König gewählt, weil er relativ unbedeutend ist und die Macht der Großen im Reich nicht zu stören droht. Gemessen daran gelingt es ihm überraschend gut, wieder eine gewisse Ordnung herzustellen, vor allem, indem er den rebellischen Böhmenkönig Ottokar II. besiegt. Das lohnt sich auch für seine Familie, denn er kann seine Söhne mit den Herzogtümern **Österreich** und Steiermark belehnen. Damit etablieren sich die Habsburger unter den einflussreichen Familien des Reiches.

Der Aufstieg

Albrecht II.

1438 wird der Habsburger **Albrecht II.** als Nachfolger seines Schwiegervaters Sigismund zum deutschen König gewählt. Als er schon ein Jahr später stirbt, entscheiden sich die Kurfürsten für einen entfernten Vetter Albrechts, der als **Friedrich III.** (1415–93) 53 Jahre lang regiert und dabei so wenig tut, dass er als „des Reiches Erzschlafmütze" verspottet wird. Sein größtes Werk vollbringt er zum Wohl seiner Familie. Er kann seinen Sohn **Maximilian** (1459–1519) mit der Erbin **Maria von Burgund** (1457–82) verheiraten. Vom privaten Standpunkt ist das eine echte Märchenhochzeit und die Habsburger werden durch Marias Erbe, zu dem die reichen Niederlande gehören, endgültig eine der führenden Dynastien Europas. Doch die Heirat bringt ihnen und dem ganzen deutschen Reich auch einen Konflikt mit Frankreich ein, das ebenfalls an Marias Erbe interessiert ist. Maximilians Sohn **Philipp der Schöne** (1476–1506) heiratet **Johan-**

 Schon gewusst?

Die Mutter von Friedrich III. war eine polnische Prinzessin namens Cymburgis von Masowien. Sie soll eine schöne Frau gewesen sein, jedoch über außergewöhnliche Körperkräfte verfügt und regelmäßig Krafttraining gemacht haben. Außerdem hatte sie eine sehr ausgeprägte Unterlippe, die sie ungefähr zwei Dritteln ihrer Nachkommen vererbte. Im europäischen Hochadel lassen sich Ansätze der **Habsburgerlippe** heute noch finden.

Maximilian I. mit seinem Sohn Philipp dem Schönen, seiner Gattin Maria von Burgund, seinen Enkeln Ferdinand I., Karl V. und seinem Schwiegerenkel Ludwig II.

! Erzherzöge

Die Mitglieder der Familie Habsburg führen den außergewöhnlichen Titel **Erzherzog**. Das liegt daran, dass Rudolf IV. von Österreich, ein Urenkel von König Rudolf I., 1156 eine Urkunde fälschte, in der Österreich zu einem Erzherzogtum erhoben wurde, das – ähnlich wie Erzbischöfe über Bischöfen stehen – besondere Privilegien erhielt. Zwar hatte bereits Kaiser Karl IV. erkannt, dass es sich um eine Fälschung handelte, doch Friedrich III. erklärte das Machwerk seines Großonkels für echt und erhob seine eigene Familie zur „Erzfamilie".

na die Wahnsinnige, die Erbin Spaniens. Da **Christoph Kolumbus** 1492 auch noch Amerika für Spanien entdeckt, fällt Philipps Sohn **Karl V.** (1500–58) ein Weltreich zu, „in dem die Sonne nicht untergeht".

Karl V.

Die Teilung

Karl V. ist 19 Jahre alt, als er seinem Großvater Maximilian nachfolgt und ist hoffnungslos überfordert mit seinem riesigen Erbe. In Deutschland gelingt es ihm nicht, die **Reformation** zu unterdrücken und die religiöse Einheit zu wahren, obwohl ihm das ein Herzensanliegen ist. In Italien führt er einen ständigen Krieg gegen Frankreich und im Osten muss er die Angriffe der **Türken** gegen Ungarn und Böhmen abwehren. Im Jahr 1556 zieht er sich resigniert zurück. Seine letzte Amtshandlung ist die Teilung des zu großen Reiches. Sein Bruder **Ferdinand I.** (1503–64) erhält die Habsburger Erblande (Österreich, Böhmen, Ungarn und Kroatien) und wird zum neuen Kaiser gewählt, sein Sohn **Philipp II.** erhält Spanien, die Niederlande und die Eroberungen in Amerika. Doch der Kontakt zwischen den spanischen und den österreichischen Habsburgern bleibt eng. Damit bleibt aber auch die Feindschaft zu Frankreich, das sich an drei Seiten (Spanien, Kaiserreich, Niederlande) durch habsburgische Besitzungen umklammert sieht. Als 1618 aus einem Konflikt von König **Ferdinand II.** (1557–1637) mit den böhmischen Protestanten ein Bürgerkrieg zwischen Katholiken und Protestanten in Deutschland wird, fürchtet Frankreich – zu Recht –, dass Ferdinand das Reich in eine rein katholische, absolutistisch regierte Habsburger Erbmonarchie verwandeln möchte. Um dies zu verhindern, bewegt **Kardinal Richelieu** erst Dänemark und Schweden zum Eingreifen in den Krieg,

bevor schließlich das katholische Frankreich selbst die deutschen Protestanten unterstützt. So wird aus dem internen Konflikt der **Dreißigjährige Krieg** mit allen seinen Gräueln.

> **! Ein Bruderzwist im Hause Habsburg**
>
> Diesen Titel trägt ein Theaterstück von **Franz Grillparzer** (1791–1872). Es beruht auf tatsächlichen Ereignissen. Kaiser **Rudolf II.** (1552–1612) litt vermutlich unter schweren Depressionen. Er lebte völlig zurückgezogen und widmete sich den Wissenschaften, kümmerte sich aber kaum um die Politik. Beim Volk war er deshalb unbeliebt und wurde gedrängt, seine Macht seinem Bruder **Matthias** (1557–1619) zu überlassen. Doch Matthias war schnell aufgebracht, als er und sein Nachfolger Ferdinand II. Privilegien missachteten, die Rudolf den Protestanten gewährt hatte. Letztendlich entzündete sich daran der Dreißigjährige Krieg.

Österreich gegen Preußen

Noch etwas ändert sich unter den Habsburgern: Maximilian I. führt den Kaisertitel zwar mit Genehmigung des Papstes, wird aber nie gekrönt. Karl V. lässt sich in Aachen krönen, holt die Bestätigung des Papstes aber erst zehn Jahre später ein. Seine Nachfolger verzichten dagegen ganz auf den Papst. Die Wahl zum deutschen König ist nun gleichzeitig die zum Kaiser des Heiligen Römischen Reiches Deutscher Nation. Gleichzeitig aber nimmt die tatsächliche Herrschaft der Kaiser über die deutschen Fürsten rapide ab. Nach dem Dreißigjährigen Krieg beginnt die Zeit des **Absolutismus**. Jeder Fürst versucht, in seinem Land uneingeschränkt zu regieren. Bei außenpolitischen Konflikten stellen sich die deutschen Fürsten oft gegen ihre Kaiser aus dem Haus Habsburg. Aber auch die Kaiser betreiben hauptsächlich eine Politik, die den Habsburger Erblanden nützt, die nur teilweise (Österreich, Böhmen) zum Reich gehören. Trotzdem wird bei fast jedem Thronwechsel im Kaiserreich wieder der Habsburger Kandidat gewählt. Karl V. zahlt noch hohe Bestechungssummen, die er sich beim Augsburger Bankhaus **Fugger** leiht. Später wagt es kaum noch jemand, sich gegen die übermächtigen Habsburger zu stellen. Das ändert sich, als **Karl VI.** (1685–1740) stirbt. Zur Erbin des Habsburger Besitzes hat er seine Tochter **Maria Theresia** (1717–80) gemacht. Dies wollen jedoch weder die spanischen Habsburger anerkennen noch die bayerischen und sächsischen Kurfürsten, die mit Maria Theresias Cousinen verheiratet sind. Und der preußische König **Friedrich II. der Große** fordert als „Belohnung" für die Anerkennung Maria Theresias Schlesien und marschiert auch prompt dort ein. Damit beginnt der Österreichische Erbfolgekrieg,

Maria Theresia und Franz I.

der acht Jahre dauert und fast ganz Europa involviert. Am Ende wird Maria Theresia als österreichische Erzherzogin bestätigt, nur Schlesien muss sie den Preußen lassen. Zum neuen Kaiser aber wird 1740 erst einmal der Herzog von Bayern als **Karl VII.** gewählt und erst nach dessen Tod im Jahr 1745 Maria Theresias Mann **Franz I. Stephan** (1708–65). In der Folge gibt es mit Preußen und dem Haus Habsburg zwei deutsche Großmächte, die oft gegeneinanderstehen.

Das Ende des Reiches

Als in Frankreich die Revolution ausbricht, erklärt Kaiser **Leopold II.** (1747–92), der zweite Sohn Maria Theresias, der auf den Thron kommt, dem Land 1792 den Krieg. Aber er kann ihn nicht gewinnen und auch nicht das Leben seiner jüngsten Schwester, der französischen Königin **Marie-Antoinette**, retten. Als 1700 **Napoleon Bonaparte** (1769–1821) in Frankreich an die Macht kommt, vertiefen sich die Gegensätze zwischen den deutschen Ländern. Leopolds Sohn **Franz II.** (1768–1835) sieht einen Zerfall des Reiches voraus und legt sich 1804 den Titel **Kaiser von Österreich** zu, um seinen Rang zu bewahren. Als dann 1806 16 deutsche Staaten aus dem Kaiserreich austreten und sich unter dem Schutz Napoleons zum

Rheinbund zusammenschließen, legt Franz II. die „römische" Kaiserwürde nieder, was das Ende des Reiches bedeutet. 1815 wird dann der Deutsche Bund gegründet, ein lockerer Zusammenschluss der deutschen Staaten. Österreich hat zwar die Präsidentschaft inne, doch es kommt kaum zu einer gemeinsamen Außenpolitik, was auch daran liegt, dass Kaiser **Ferdinand I.** (1793–1875) regierungsunfähig ist. Er wird nach heftigen Unruhen im Jahr 1848 von seinem Neffen **Franz Joseph I.** (1830–1916) ersetzt.

Franz Joseph I.

Das Ende der k. u. k. Monarchie

1866 führt der preußische Kanzler **Otto von Bismarck** Krieg gegen Österreich und drängt es so aus dem Deutschen Bund heraus. Die Habsburger sind jetzt nicht mehr die obersten deutschen Fürsten, sondern Herrscher über ein Vielvölkerreich, das ihnen zunehmend Probleme bereitet. Das 19. Jahrhundert ist ganz allgemein ein Zeitalter des Nationalismus und auch in den nicht deutschen Habsburger Ländern gibt es starke

Autonomiebestrebungen, die von slawischen Nachbarländern wie Russland und Serbien noch angeheizt werden. Thronfolger **Franz Ferdinand** (1863–1914) fordert eine Stärkung der Slawen in der k. u. k. Monarchie, um dem Werben der slawischen Nationalisten das Wasser abzugraben. Vermutlich wird er genau deshalb am 28. Juni 1914 in Sarajewo von panslawistischen Agitatoren erschossen. Die österreichischen Politiker wollen unbedingt die Gelegenheit zum Krieg gegen das unbequeme

Franz Ferdinand wird in Sarajewo erschossen

❗ Die Familientragödien des Kaisers Franz Joseph

Bekannt wurde Österreichs vorletzter Kaiser Franz Joseph vor allem durch seine romantische Liebesheirat mit der schönen bayerischen Prinzessin Elisabeth, genannt **Sisi** (1837–98). Der sehr konservative, steife und pflichtbewusste Monarch und seine liberale, lebenshungrige, aber auch neurotische Gattin entfernten sich jedoch schnell voneinander. Die Kaiserin reiste ruhelos in ganz Europa herum und wurde schließlich von einem italienischen Anarchisten erstochen. **Rudolf** (1858–89), der einzige Sohn des Paares, konnte mit dem Lebensweg, den seine Thronfolgerrolle vorgab, nichts anfangen und beging Selbstmord. Des Kaisers jüngerer Bruder **Maximilian** (1832–67) wurde von Napoleon III. zum „Kaiser von Mexiko" gemacht, aber von der legitimen, mexikanischen Regierung zum Tode verurteilt.

Kaiserin Elisabeth von Österreich, die berühmte Gemahlin von Franz Joseph I.

25

Serbien nutzen, was zum Ersten Weltkrieg führt. Nach der Niederlage 1918 muss Österreich alle nicht deutschen Länder abgeben und wird zur Republik. Der letzte Kaiser, Franz Josephs Großneffe **Karl I.** (1887–1922), wird – da er nicht formell abdanken will – mit seiner Frau Zita von Bourbon-Parma aus Österreich verbannt. Karls

> ## ! Die Fürsten von Liechtenstein
>
> Die Fürsten von Liechtenstein entstammen einem österreichischen Adelsgeschlecht, dessen Wurzeln in der Nähe von Wien liegen. 1699 und 1712 kaufte Fürst Johann Adam von Liechtenstein die Herrschaften Vaduz und Schellenberg. 1719 erhob Kaiser Karl VI. die beiden Länder zum Reichsfürstentum Liechtenstein. Bis 1806 war Liechtenstein Teil des Kaiserreichs und danach Mitglied im Deutschen Bund. Als der aber 1866 durch den Deutschen Krieg zwischen Preußen und Österreich zerbrach, schloss sich Liechtenstein keiner Seite an, sondern blieb selbstständig. Seit 1989 ist **Hans Adam II.** (geb. 1945) Fürst von Liechtenstein. Er hat die Regentschaft allerdings inzwischen an seinen Sohn Alois (geb. 1968) abgegeben. Dieser ist mit Sophie Prinzessin von Bayern verheiratet und hat vier Kinder.

> ## ? Schon gewusst?
>
> **k. u. k.** bedeutet „kaiserlich und königlich". Der Begriff steht für die österreichische Kaiserkrone und die ungarische Königskrone, die die Habsburger Herrscher trugen. Er wurde erst seit 1876 benutzt, wird heute aber stellvertretend für die Habsburger Vielvölkermonarchie und ihre Kultur verwendet.

ältester Sohn **Otto von Habsburg** (geb. 1912) erkennt 1961 die österreichische Republik an und profiliert sich als Europapolitiker.

Die Hohenzollern

Die Familie, die schließlich die deutschen Kaiser stellen sollte, stammt aus der Gegend von **Hechingen** in der Schwäbischen Alb. 1192 bekommt Graf Friedrich III. als Dank für treue Dienste von Kaiser Heinrich VI. die Burggrafschaft über das reiche **Nürnberg** übertragen. Sein Nachfahre Friedrich VI. (1371–1440) schlägt sich in den Thronstreitigkeiten zwischen Jobst von Mähren und Sigismund von Ungarn auf die Seite des späteren Kaisers Sigismund und erhält dafür die Kurfürstenwürde von **Brandenburg**. Diese „Streusandbüchse des Heiligen Römischen Reiches" wird erst nach dem Dreißigjährigen Krieg unter **Friedrich Wilhelm I.**

(1620–88) zum wirtschaftlich und militärisch bedeutenden Staat. Der „Große Kurfürst" fädelt auch einen Deal ein, der seiner Familie eine Königskrone beschert.

Preußen

Im Jahr 1511 wird ein Mitglied des Hauses Hohenzollern, Prinz **Albrecht von Brandenburg-Ansbach** (1490–1568), zum **Hochmeister des Deutschen Ordens** gewählt. 1525 konvertiert er zum Protestantismus und macht aus dem Ordensstaat Ostpreußen ein Herzogtum, das er der Oberhoheit des polnischen Königs (seines Onkels mütterlicherseits) unterstellt. 1618 stirbt Albrechts Sohn ohne männliche Nachkommen und Preußen fällt an seinen Schwiegersohn Johann Sigismund von Brandenburg. 1657 wechselt dann dessen Enkel, der Große Kurfürst, im Großen Nordischen Krieg von der Seite Schwedens auf die Polens. Als Belohnung verlangt er vom polnischen König den Verzicht auf die Oberhoheit über Preußen. Damit verfügen die Hohenzollern nun über ein Land, das keinem König mehr untersteht. Die logische Konsequenz: Am 18. Januar 1701 krönt sich der Sohn des Großen Kurfürsten, **Friedrich I.** (1657–1713), in Königsberg zum König in Preußen. Allerdings holt er sicherheitshalber zuvor die Zustimmung Kaiser Leopolds I. ein und zahlt eine „Beschwichtigungssumme" von zwei Millionen Dukaten.

Friedrich der Große

Trotz der Krönung in Königsberg wird der Grundstein zur Macht Preußens im Kurfürstentum Brandenburg gelegt. Friedrichs Sohn **Friedrich Wilhelm I.** (1668–1740), der Soldatenkönig, macht das Land mit „preußischen Tugenden" wie äußerster Disziplin, Korrektheit und Sparsamkeit zu einer wirtschaftlichen und militärischen Macht. Sein Sohn **Friedrich II.** (1712–86), auch der Alte Fritz oder Friedrich der Große genannt, erobert dann durch eine aggressive Außenpolitik das reiche Schlesien und Westpreußen.

Friedrich der Große

Unter ihm wird Brandenburg-Preußen zu einer europäischen Großmacht. Daneben macht er sein Land durch Reformen im Sinne eines aufgeklärten Absolutismus zu einem modernen, leistungsfähigen Staat. Sein Nachfolger ist sein Neffe **Friedrich Wilhelm II.** (1744–97), im Volk der „dicke Lüderjahn" genannt. Doch obwohl er nicht das Format seines Onkels hat, kann er die Großmachtstellung Preußens bewahren und das Land durch weitere Raubzüge auf Kosten Polens vergrößern.

Krise unter Napoleon

Sein Sohn **Friedrich Wilhelm III.** (1770–1840) ist das genaue Gegenteil. Der Lebenswandel und vor allem die Mätressenwirtschaft seines Vaters widern ihn an. Mit seiner Frau, **der schönen Luise** (1776–1810), einer gebürtigen Prinzessin von Mecklenburg-Strelitz, führt er eine vorbildliche, glückliche Ehe. Die beiden haben zehn Kinder und leben für ihren Rang sehr bescheiden.

Gegenüber Napoleon versucht der König, sich neutral zu verhalten, was nicht funktioniert. Als er 1806 doch den Krieg gegen den französischen Kaiser wagt, wird Preußen im Handumdrehen besiegt. Die Königsfamilie muss sogar nach Memel (heute Klaipeda, Litauen) fliehen und nur dank einer Allianz mit dem russischen Zaren bleibt Preußen als Staat bestehen, muss aber die Hälfte seines Landes abtreten. 1813 ist Friedrich Wilhelm III. allerdings klug genug, einer von seinen Offizieren eingefädelten, neuen antinapoleonischen Allianz mit Russland zuzustimmen. Nach dem Sturz des Korsen steht Preußen besser da als je. Doch der früher relativ liberale König ist inzwischen immer reaktionärer geworden, sodass Preußen, unter Friedrich II. ein moderner Staat, nun einer der am wenigsten liberalen Staaten im Deutschen Bund wird.

Die verspielte Demokratie

Sein Sohn **Friedrich Wilhelm IV.** (1795–1861) wäre lieber Architekt als König geworden und fördert Koryphäen wie Karl Friedrich Schinkel und Ludwig Persius, die das Havelgebiet zwischen Berlin und Potsdam in einen einzigen Landschaftsgarten umwandeln. Politisch erweist er sich als weniger glücklich. **1848** wird er von der Revolution überrascht und sagt Reformen zu. Als ihn ein Jahr später die deutsche Nationalversammlung zum König eines demokratischen deutschen Staates machen will, lehnt er die „Krone aus der Gosse" ab – vermutlich aus Angst vor den Reaktionen seiner „Kollegen" in Russland und Österreich. Damit ist das ganze Projekt „Deutsche Demokratie und Einheit" gescheitert. Als es daraufhin in vielen deutschen Ländern zu Unruhen kommt, sind es vor allem preußische Truppen unter Führung von Friedrich Wilhelms Bruder **Wilhelm** (1797–1888), die die Aufstände niederschlagen, was Wilhelm den Beinamen „Kartätschenprinz" einbringt.

Bismarcks Reich

Als Friedrich Wilhelm IV. kinderlos stirbt, wird der Kartätschenprinz als Wilhelm I. sein Nachfolger. Doch eigentlich regiert nicht er, sondern ab 1862 fast ausschließlich der preußische Ministerpräsident **Otto von Bismarck** (1815–98). Bismarck ist es auch, der eine Einigung Deutschlands ohne Österreich herbeiführt, um Preußen die Vormacht in Deutschland und seinen Rang in der Weltpolitik zu sichern. So werden die Hohenzollern ab 1871 Herrscher des neu gegründeten Deutschen Kaiserreichs. Während Bismarck es auf meisterhafte Weise versteht, diesen neuen Staat außen-

Otto von Bismarck

Die meisten Deutschen begrüßten die Reichseinigung von 1871 mit Enthusiasmus. Zu denen, die sich nicht freuen konnten, gehörte ausgerechnet **Augusta**, die neue Kaiserin. Die Gattin Wilhelms I. war eine geborene Prinzessin von Sachsen-Weimar-Eisenach und hatte u. a. **Goethe** als Lehrer gehabt. Sie war äußerst gebildet, sehr scharfsinnig – und Pazifistin. Dass die deutsche Einheit durch drei Kriege herbeigezwungen worden war, bekümmerte sie sehr. Doch alle Versuche, die Politik ihres Mannes zu beeinflussen, etwa indem sie ihm morgens entsprechende Zeitungsartikel neben den Frühstücksteller legte, scheiterten. Er folgte ganz und gar Bismarck, den Augusta als Todfeind betrachtete, während er sie als „alte Fregatte" abtat. Der politisch kaltgestellten Kaiserin blieb nur die Gründung von Krankenhäusern als Betätigungsfeld.

politisch zu etablieren, hoffen die liberalen Kreise, dass es nach dem Regierungsantritt von Wilhelms Sohn **Friedrich III.** (1831–88) und dessen britischer Frau Victoria auch zu innenpolitischen Reformen und mehr Demokratie kommen wird. Doch Friedrich kann bei seiner Thronbesteigung schon nicht mehr sprechen und stirbt nach 99 Tagen an Kehlkopfkrebs.

Wilhelm II.

Nächster Kaiser wird sein Sohn **Wilhelm II.** (1859–1941), der Bismarck entlässt und durch eine konzeptlose, aber kraftmeierische Außenpolitik das gesamte Bünd-

Wilhelm II.

nissystem des Kanzlers zerstört. Vor einem Krieg jedoch scheut er zurück, weshalb ihn die deutschen Politiker und Militärs im Juli 1914 auf Kreuzfahrt nach Norwegen schicken, während sie den Krieg Österreichs gegen Serbien unterstützen und so den Ersten Weltkrieg auslösen. Nach der Niederlage wird Wilhelm zur Abdankung genötigt und flieht in die Niederlande. Dorthin lädt seine zweite Frau Hermine von Reuß nach der Machtergreifung der Nationalsozialisten Hermann Göring ein. Der Exkaiser erkennt jedoch, dass die Hoffnung auf eine Wiederherstellung der Monarchie unrealistisch ist, und geht auf Distanz zu den Nazis.

Die kleinen deutschen Königshäuser

Im Jahr 1806 treten mehrere deutsche Länder aus dem Kaiserreich aus und schließen als Rheinbund eine Allianz mit Napoleon. Da sie nun auch nicht mehr der deutschen Krone unterstehen, erklären sich einige davon selbst zu Königen. Nach der Auflösung des Kaiserreichs legen sich dann noch weitere deutsche Herrscher die Königswürde zu. Mit der deutschen Einigung 1871 müssen sie aber die meisten politischen Kompetenzen an Reichsregierung und Kaiser abgeben.

Die Könige von Bayern

Der bayerische Kurfürst Max IV. Joseph (1756–1825) aus dem Hause Wittelsbach entscheidet sich im Jahr 1805 recht schnell für eine Allianz mit Napoleon. Zu groß ist die Überlegenheit der französischen Truppen, zu schlecht das Verhältnis mit Österreich, das in der Vergangenheit mehrfach versuchte, bayerisches Territorium zu annektieren. Am 1. Januar 1806 wird er als **Maximilian I.** König von Bayern.

Nach Napoleons katastrophalem Russlandfeldzug, der auch 30.000 bayerischen Soldaten das Leben kostete, wechselt „König Max" am 6. Oktober 1913, zehn Tage vor der Völkerschlacht bei Leipzig, die Seiten und gehört nach Napoleons Sturz zu den Siegern. Zwar muss er Tirol und Salzburg an Österreich abgeben, erhält dafür jedoch große Gebiete in Schwaben und Franken (deren Einwohner manchmal heute noch als „Beutebayern" bezeichnet werden) dazu. Sein Sohn **Ludwig I.** (1768–1868) ist ein begeisterter Verehrer des antiken Griechenlands. Er lässt sein Land mit klassizistischen Bauten überziehen (u. a. Ludwigsstraße und Königsplatz in München, Walhalla bei Regensburg, Befreiungshalle bei Kehlheim). Doch er fördert auch die Modernisierung seines Landes. Seine anfangs liberale Politik wird jedoch immer konserva-tiver. Als er sich auch noch in die berüchtigte irische Tänzerin **Lola**

! Die Wittelsbacher

Die Familie der Wittelsbacher trat ins Rampenlicht, als die Welfen stürzten. Als Friedrich Barbarossa 1179 Heinrich den Löwen entmachtete, gab er das Herzogtum Bayern an seinen treuen Gefolgsmann **Otto von Wittelsbach**. Seine Nachkommen erheirateten die Pfalzgrafschaft bei Rhein und erhielten damit eine der sieben Kurfürstenwürden. Drei Wittelsbacher, Ludwig der Bayer, Ruprecht von der Pfalz und Karl VII., wurden deutsche Könige. Andere Familienmitglieder erbten kurzzeitig den Thron von Ungarn, Dänemark und Schweden. 1619 nahm der protestantische Pfälzer Kurfürst **Friedrich V.** die Königskrone von Böhmen an. Damit machte er sich den von den Böhmen abgesetzten Habsburger Ferdinand II. zum Feind und löste den Dreißigjährigen Krieg aus. Eifrigster Unterstützer Kaiser Ferdinands war ein Verwandter, **Maximilian von Bayern**, der dafür die Pfälzer Kurfürstenwürde für die bayerische Linie der Familie erhielt. 1777 jedoch starben die „bayerischen" Wittelsbacher aus und ihre Pfälzer Verwandten erhielten die Kurfürstenwürde zurück und ganz Bayern obendrauf.

Montez (1821–61) verliebt, hat er im Revolutionsjahr 1848 sowohl die konservativen als auch die liberalen Kreise gegen sich und muss zugunsten seines Sohnes **Max II.** (1811–64) abdanken.

Max II.

Ludwig II.

Max' Sohn **Ludwig II.** (1845–86) widmet sich dann fast ausschließlich der Kunst, vor allem der Förderung **Richard Wagners** (1813–83) und dem Bau von Märchenschlössern. Mit der Zeit wird die Menschenscheu des Königs immer größer, seine Vorhaben absonderlicher und seine Schulden wachsen ins Gigantische. Am 9. Juni 1886 beschließt

der bayerische Landtag die Entmündigung des Königs. Zwei Tage später wird Ludwig in Neuschwanstein festgenommen und nach Schloss Berg am Starnberger See gebracht, wo er am 13. Juni zusammen mit seinem Arzt unter immer noch ungeklärten Umständen ertrinkt. Nachfolger wird sein jüngerer Bruder **Otto** (1848–1916), der jedoch schon seit 1872 als geisteskrank gilt. Heute nimmt man an, dass beide Brüder unter einer Borderline-Persönlichkeitsstörung litten. Die Regentschaft übernimmt deshalb Ottos Onkel **Luitpold** (1821–1912).

Prinzregent Luitpold

Politisch passiert während seiner Regentschaft nicht viel, was vielleicht gerade dazu führt, dass die „Prinzregentenzeit" für viele Bayern der Inbegriff der guten, alten

Zeit ist. Nach Luitpolds Tod wird sein Sohn erst Regent, ein Jahr später aber mit Einverständnis der bayerischen Regierung König **Ludwig III.** (1845–1921). Nach dem Ersten Weltkrieg ist er der erste deutsche Monarch, der am 7. November 1918 durch Kurt Eisners (1867–1919) Proklamation der **Münchner Räterepublik** abgesetzt wird. Er geht zunächst ins Exil, verbringt seine letzten Lebensjahre aber auf Schloss Wildenwart im Chiemgau.

Die Könige von Württemberg

Gleichzeitig mit Bayern wird auch Württemberg zum Königreich. Der neue König **Friedrich I.** (1754–1816) ist ein Riese, 2,11 Meter groß und 200 Kilo schwer. Eine seiner Schwestern ist mit dem russischen Zaren Paul I. verheiratet, eine andere mit Kaiser Franz II. von Österreich. Er selbst heiratet in zweiter Ehe eine britische Prinzessin. Als im Jahr 1800 französische Truppen das Land besetzen, entscheidet auch Herzog Friedrich sich sehr schnell für ein Bündnis mit Napoleon. 1803 kann er das Territorium Württembergs durch den Reichsdeputationshauptschluss, die Auflösung der geistlichen Gebiete in Deutschland, fast verdoppeln. 1813 fällt auch er rechtzeitig von Napoleon ab und kann nach dessen Sturz den neuen Titel und allen Zugewinn behalten. Nach ihm werden sein Sohn und zwei seiner Enkel Monarchen. Der letzte König **Wilhelm II.** (1848–1921) lebt ein fast bürgerliches Leben, geht oft ohne Begleitung in Stuttgart spazieren und unterhält sich mit dem Volk. Doch auch er wird 1918 von Aufständischen zur Abdankung gezwungen, was er nie richtig verwunden haben soll.

Die Könige
von Sachsen

Das Kurfürstentum Sachsen ist 1806 mit Preußen gegen Napoleon verbündet, doch nach der Niederlage wechselt Herzog **Friedrich August** (1750–1827) die Fronten und tritt dem Rheinbund bei. Anschließend nimmt auch er den Titel eines Königs an. 1807 wird er unter Napoleons Schutz zudem Herzog von Warschau. Auch er versucht 1813, Kontakt zur antinapoleonischen Koalition aufzunehmen. Doch Napoleon hat Sachsen fest im Griff und weiß dies zu verhindern. Außerdem haben Russland und Preußen sich längst geeinigt, Sachsen unter sich aufzuteilen. So wird das Land zum Hauptkriegsschauplatz (u. a. Völkerschlacht von Leipzig) und steht am Ende aufseiten der Ver-

Friedrich August III.: „Macht doch eiern Dreck alleene."

lierer. Friedrich August darf seinen Königstitel zwar behalten, muss aber große Teile Sachsens an Preußen und das Herzogtum Warschau an Russland abgeben.

Als später sein Neffe, König **Johann** (1801–73) im Deutschen Krieg 1866 an der Seite Österreichs gegen die preußische Allianz verliert, gerät Sachsen noch mehr unter preußische Kontrolle. Am 13. November 1918 dankt dann angesichts der Revolution in Deutschland der letzte König **Friedrich August III.** (1865–1932) ab, bevor man ihn dazu zwingt – angeblich mit den Worten: „Macht doch eiern Dreck alleene." Sein Sohn, Kronprinz **Georg** (1893–1943), verzichtet ebenfalls auf den Thron, wird Jesuit in Berlin und setzt sich während des Nationalsozialismus für Verfolgte ein.

Exkurs: Das Phänomen „Sachsen-Coburg"

Die Herzöge von Sachsen-Coburg sind eine Seitenlinie des Hauses Wettin, die über einen zersplitterten Besitz in Thüringen und Oberfranken verfügt. Trotzdem bringen sie mehrere europäische Königsdynastien hervor. Die Eltern dieses dynastischen Erfolgs sind Franz von Sachsen-Coburg-Saalfeld (1750–1806), ein Kunstexperte, der Coburg eine einzigartige Kupferstichsammlung beschert, und seine für ihre Schönheit berühmte Frau Auguste Reuß zu Ebersdorf und Lobenstein (1757–1831). 1796 reist Fürstin Auguste auf Einladung der russischen Zarin Katharina II. mit dreien ihrer Töchter nach St. Petersburg. Dies führt zu einer Ehe von Juliane mit Katharinas Enkel Konstantin. Die Ehe wird zwar nicht glücklich und später geschieden, aber sie macht Julianes Geschwister für dynastische Verbindungen interessant. 1816 heiratet ihr jüngerer Bruder Leopold die **britische** Kronprinzessin Charlotte. Er wird zwar schon ein Jahr später Witwer, bekommt aber 1830 den **belgischen** Thron angeboten. Der Tod der britischen Kronprinzessin bewegt zudem deren Onkel Eduard von Kent im Alter von 51 zur Ehe, da seinen Kindern nun die Thronfolge offensteht. Er heiratet Leopolds Schwester Victoria und wird Vater der späteren Königin Victoria. Diese heiratet Albert, den Sohn von Ernst, dem ältesten Bruder ihrer Mutter. Der wichtigste politische Berater ihrer Jugendjahre aber ist ihr Onkel Leopold. Ein weiterer Sohn von Franz und Auguste, Ferdinand, macht in österreichischen Diensten eine bescheidene Militärkarriere und nimmt überdies bei seiner Heirat den katholischen Glauben an. Sein ältester Sohn Ferdinand erheiratet sich später den **portugiesischen** Thron und ein Enkel, der ebenfalls Ferdinand heißt, wird zum **bulgarischen** König gewählt. Vermutlich waren es die politische Bedeutungslosigkeit einerseits und die enge Verwandtschaft zum gesamten europäischen Hochadel andererseits, die die Sachsen-Coburgs als Ehepartner und Thronkandidaten immer attraktiver werden ließen.

Die Könige von Hannover

Das Kurfürstentum **Braunschweig-Lüneburg**, dessen Herrscher seit 1714 in Personalunion auch britische Könige sind, wird 1807 von Napoleon erobert und dem Königreich Westphalen zugeschlagen. Nach Napoleons Sturz setzt der britische Prinzregent Georg auf dem Wiener Kongress durch, dass auch das Stammland seiner Familie zum Königreich erhoben wird. 1837 endet die Personalunion mit Großbritannien. Denn dort kommt Königin Victoria auf den Thron. In Hannover jedoch können Frauen nicht erben, sodass hier Victorias Onkel **Ernst August I.** (1771–1851) neuer König wird. Da er liberale Reformen seines verstorbenen Bruders, des britischen Königs Wilhelm IV., zurücknimmt, kommt es – vor allem in der bedeutenden Universitätsstadt Göttingen – zu heftigen Protesten, an denen u. a. die **Brüder Grimm** beteiligt sind. 1866 unterstützt sein ebenfalls sehr autoritär regierender, blinder

Sohn **Georg V.** (1819–78) gegen den Beschluss des Landtages im Deutschen Krieg Österreich und nicht Preußen. Nach der Niederlage annektieren die Preußen Hannover und setzen den König ab. Als er in Frankreich versucht, eine Privatarmee gegen Preußen aufzustellen, wird auch das welfische Familienvermögen in Höhe von 48 Millionen Reichsmark beschlagnahmt. Bismarck benutzt diesen „Reptilienfonds" in der Folge als schwarze Kasse zur Durchsetzung seiner Politik. 1933 wird die Familie jedoch entschädigt. Der aus der Regenbogenpresse bekannte Prinz **Ernst August** (geb. 1954), dritter Ehemann der mo-

negassischen Prinzessin Caroline, ist der Ururenkel des letzten Königs von Hannover.

! Die Welfen

Die Welfen sind eine sehr alte Adelsfamilie, die im 8. Jahrhundert über Güter im Maas-Mosel-Gebiet und in Oberschwaben verfügte. Laut Familienlegende stammt sie von Edekon ab, einem Vertrauten des Hunnenkönigs Attila (5. Jh.). Benannt ist sie nach dem Vornamen Welf (Welpe), der in der Sippe sehr gebräuchlich war. Wie bedeutend die Familie bereits im frühen Mittelalter war, zeigt sich daran, dass zwei Karolingerkönige, Ludwig der Fromme und Ludwig der Deutsche, Welfinnen heirateten. 888 konnte der Welfe Rudolf I. die Wirren im westfränkischen Karolingerreich nutzen und das Königreich Burgund gründen, das bis 1033 Bestand hatte. 1055 war auch der schwäbische Zweig der Familie vom Aussterben bedroht. Doch Besitz und Name wurden von Welf IV. übernommen, dem Sohn einer Welfin und des italienischen Markgrafen Alberto Azzo II. von Este. Kaiser Heinrich IV. machte Welf zum Herzog von Bayern, das jedoch sein Urenkel Heinrich der Löwe wieder verlor. Der Familie blieb nur das Herzogtum Braunschweig-Lüneburg.

Prinzessin Caroline mit Ernst August von Hannover

Frankreich

Im Gegensatz zu Deutschland zeichnet sich das französische Königtum durch eine bemerkenswerte Kontinuität aus. Der Thron wird an den jeweils nächsten männlichen Verwandten weitervererbt, und auch wenn man von den Dynastien der Kapetinger, Valois und der Bourbonen spricht, handelt es sich dabei nur um verschiedene Seitenlinien des gleichen Königshauses, das mit kurzer Unterbrechung von 987 bis 1848 herrschte. Diese Unterbrechung hatte es allerdings in sich: Die Französische Revolution und die kurze Herrschaft der Bonapartes waren Ereignisse, die in Europa ihresgleichen suchen.

Napoleon krönt seine Frau Joséphine zur Kaiserin

Die Kapetinger

Im Jahr 888 stirbt der schwache, schwer epilepsiekranke und im Ostfrankenreich schon abgesetzte Karolinger Karl der Dicke. Im Westfrankenreich kann sich nun der mächtigste der Adligen, Graf **Odo von Paris** (gest. 898) als neuer König durchsetzen. Doch Odos Herrschaft wird dem Adel bald zu viel und sie versuchen, wieder einen Karolinger, Karl den Einfältigen, zum König zu machen. Karl kann sich jedoch erst nach Odos Tod durchsetzen und schon 922 übernimmt mit Odos Bruder **Robert I.** (gest. 923) wieder ein Graf von Paris den Thron. Ihm folgt sein Schwiegersohn Rudolf von Burgund und 936 wieder ein Karolinger. Erst als 987 der Karolinger Ludwig V. der Faule kinderlos stirbt, ist der Weg für die Pariser Grafen endgültig frei. Mit tatkräftiger Unterstützung des mächtigen Erzbischofs Adalbero von Reims wird Roberts Enkel **Hugo Capet** (941–996) König von Frankreich.

Konflikt mit England

In Frankreich können die Kapetinger ihre Macht allmählich konsolidieren, doch ihr Land wird immer kleiner. 1066 werden die normannischen Herzöge Könige von England, 1128 heiratet die englische Thronerbin den französischen Grafen von Anjou. 1152 verstößt der fromme König **Ludwig VII.** (1120–80) seine lebenslustige Frau **Eleonore**, die Erbin des großen und reichen Aquitanien. Die hat ihm nur zwei Töchter geboren, sich aber mit umso mehr Liebhabern dafür getröstet, dass sie – wie sie sagt – „einen Mönch, keinen Mann" geheiratet hat.

Zwei Monate nach der Scheidung heiratet Eleonore König Heinrich II. von England, wodurch auch Aquitanien an die englische Krone fällt. Damit ist der englische Besitz in Frankreich nun weit größer als das französische Königreich. Allerdings ist Ludwigs Sohn aus einer späteren Ehe, **Philipp II. August** (1165–1223), einer der tatkräftigsten und skrupellosesten Herrscher der französischen Geschichte. Er spielt die Mitglieder der tief zerstrittenen englischen Königsfamilie gegeneinander aus und kann am Ende den größten Teil des englischen Besitzes wieder für Frankreich verbuchen. Außerdem entmachtet er den französischen Adel und baut den Kronbesitz, über den die Könige direkt verfügen, beträchtlich aus.

Philipp II. August wird in Reims gekrönt

Pakt mit den Päpsten

Unter Philipps Enkel **Ludwig IX. dem Heiligen** (1214–70) ist Frankreich das größte Königreich Europas, kulturell führend und militärisch stark. Zudem gelingt es, das Kaiserreich in der Gunst der Päpste als führende christliche Nation Europas abzulösen. Ludwigs wenig frommer Enkel **Philipp IV. der Schöne** (1268–1314), der den reichen Orden der Templer mit einem fingierten Ketzerprozess vernichtet (und beerbt) und von Zeitgenossen als „statuengleicher Mann mit Raubvogelblick" beschrieben wird, zwingt Papst Clemens V. 1309, seine Residenz nach Avignon zu verlegen, sodass die französischen Könige bis 1417 eine direkte Kontrolle über das Papsttum ausüben. Nach Philipps Tod kommen jedoch nacheinander seine drei ziemlich unfähigen Söhne Ludwig X., Philipp V. und Karl IV. an die Regierung. Als 1328 der letzte von ihnen stirbt, stellt sich das

Das Drama um den Tour de Nesle

1314 wurden angeblich die Frauen der Prinzen Ludwig und Karl im Tour de Nesle, einem Turm der Pariser Stadtbefestigung, in flagranti beim Ehebruch ertappt. Die Prinzessinnen wurden eingekerkert, ihre Liebhaber öffentlich gehäutet und kastriert, bevor man ihnen den Kopf abschlug. Ein Jahr später starb Philipp der Schöne. Damit war Ludwig X. König und dessen inhaftierte Frau Margarethe Königin. Kurze Zeit später starb Margarethe. Angeblich erdrosselte sie ihr Mann, der fünf Tage später wieder heiratete, mit ihren eigenen Haaren. Ihre Tochter Johanna wurde von der französischen Erbfolge ausgeschlossen (aber 1328 Königin von Navarra, obwohl sie darauf auch kein Recht gehabt hätte, falls Ludwig X. tatsächlich nicht ihr Vater war). Als 1322 Karl IV. König wurde, hatte Frankreich wieder eine inhaftierte Königin. Doch Blanka, die zweite Ehebrecherin aus dem Tour de Nesle, musste nicht sterben. Da der Papst eine Scheidung genehmigte, konnte Karl eine zweite Ehe eingehen und Blanka durfte sich in ein Kloster zurückziehen.

Problem der Nachfolge. Philipp V. hatte 1317 Frauen grundsätzlich von der Erbfolge ausgeschlossen (salisches Erbrecht), um seine Nichte Johanna, über deren eheliche Geburt erhebliche Zweifel bestehen, dem Thron fernzuhalten. Aber sind nur Frauen oder auch deren Söhne ausgeschlossen? Nächster Verwandter des verstorbenen Königs wäre **Eduard III.** von England, mütterlicherseits ein Enkel Philipps des Schönen, nächster Verwandter in männlicher Linie **Philipp von Valois** (1253–1350), ein Neffe Philipps des Schönen.

Die Valois

In Frankreich hat niemand Interesse an einem englischen König.

Also wird am 29. Mai 1328 in Reims Philipp VI. von Valois gekrönt. Eduard III. nimmt das zunächst hin, sucht aber nach Verbündeten. Der impulsive Philipp versucht, Stärke zu demonstrieren, indem er Eduards französische Ländereien besetzt. Dieser antwortet mit einer Invasion. Damit hat der **Hundertjährige Krieg** zwischen beiden Ländern begonnen, der in Wahrheit sogar 116 Jahre dauern wird. Die neue französische Herrscherdynastie gerät anfangs ins Hintertreffen, da ihre altmodischen Ritterheere den modernen englischen Bogenschützen wenig entgegensetzen können. Philipps Sohn **Johann II.** wird 1356 sogar von den Engländern gefangen genommen und nur gegen ein immenses Lösegeld und den Verzicht auf mehrere französische Provinzen freigelassen. Unter seinem Sohn **Karl dem Weisen** (1338–80) und dessen genialem Feldherrn Bertrand du Guescelin wendet sich das Blatt dann zugunsten Frankreichs.

Schon gewusst?

Dauphin ist das französische Wort für Delfin und war gleichzeitig der Titel des französischen Thronerben. Denn 1349 vermachte der letzte Fürst der Dauphiné, einer Grafschaft rings um Grenoble, die einen Delfin im Wappen führte, das Land der französischen Krone. Da die Dauphiné aber zum Kaiserreich gehörte, mussten deren Grafen dem deutschen Kaiser huldigen. Um zu vermeiden, dass ein französischer König als Fürst der Dauphiné Vasall des deutschen Kaisers wird, wurde das Land immer dem jeweiligen Thronfolger übergeben.

Rettung durch die Jungfrau

Doch Karls Sohn **Karl VI.** (1368–1422) erweist sich als schwacher Herrscher und wird ab 1392 aufgrund einer Geisteskrankheit so gut wie handlungsunfähig. Sein jüngerer Bruder Ludwig von Orleans und sein Cousin Johann Ohnefurcht von Burgund ringen um die Macht. Als der englische König Heinrich V. einen großen Teil Nordfrankreichs erobert, verbündet sich Karls Frau **Isabeau von Bayern** (1371–1435) mit ihm. Isabeau verheiratet Heinrich mit ihrer Tochter Katharina und ernennt ihn zum Erben Frankreichs, während sie ihren eigenen Sohn Karl zum Bastard erklärt. Der Kampf des späteren **Karl VII.** (1403–61) gegen seinen Neffen Heinrich VI. von England scheint zunächst aussichtslos. Das ändert sich, als **Jeanne d'Arc** (um 1412–31), die „Jungfrau von Orleans", seinen Truppen neuen Mut einflößt. Obwohl die Engländer Jeanne gefangen nehmen und als Ketzerin verbrennen, kann sich das französische Königshaus neu konsolidieren. 1558 endet der Krieg. Die Engländer haben bis auf Calais ihren ganzen französischen Besitz verloren.

Jeanne d'Arc

Karl VII. war der erste französische König, der eine offiziell ernannte Mätresse hatte. **Agnes Sorel** (um 1410–50), die Tochter eines einfachen Soldaten, war Hofdame seiner Schwägerin, der Königin von Neapel gewesen, wo Karl sie bei einem Besuch kennenlernte. Zeitgenossen bescheinigen ihr, dass sie sehr schön, gebildet und intelligent war und einen positiven Einfluss auf den oft unsicheren König ausübte. Dieser liebte sie sein Leben lang und hatte drei Töchter mit ihr, die französische Adlige heirateten. Als Agnes dann plötzlich an einer Quecksilbervergiftung starb, kam das Gerücht auf, sie sei ermordet worden. Als Verdächtiger gilt Karls Sohn Ludwig IX., der die Rivalin seiner Mutter erbittert hasste.

Agnes Sorel

Rivalität mit Habsburg

Karls Sohn **Ludwig XI.** (1423–83) ist zwar ein unangenehmer Charakter, der den Beinamen „die Spinne" trägt, aber auch ein starker Herrscher, der die Weichen für den französischen Absolutismus stellt. Allerdings kann er nicht verhindern, dass die Niederlande nach dem Tod seines entfernten Cousins **Karl der Kühne von Burgund** 1477 an die Habsburger fallen. Außerdem verwickeln er und seine Nachfolger sich in lange und blutige Kämpfe in Italien, da sie ein Recht reklamieren, die Könige von Neapel aus dem französischen Haus Anjou und die Herzöge von Mailand zu beerben. **Franz I.** (1494–1547) bewirbt sich sogar um die Kaiserkrone, kann sich in der Gunst der deutschen Kurfürsten aber nicht gegen den späteren Karl V. durchsetzen. Auch auf Neapel und Mailand muss er schließlich verzichten. Doch innenpolitisch ist er ein starker, glanzvoller Herrscher, der eine weit bessere Figur als Karl V. abgibt, die absolutistische Stellung der Könige weiter ausbaut und die Renaissancekunst fördert. Seine Gemäldesammlung bildet den Grundstock für den heutigen Louvre.

Konflikt mit den Hugenotten

Auch Franz' Sohn **Heinrich II.** (1419–59) ist ein starker, lebenslustiger Renaissanceherrscher mit vielen Mätressen. Nach seinem frühen Unfalltod bei einem Turnier kommen jedoch nacheinander seine drei Söhne Franz II., Karl IX. und Heinrich III. auf den Thron, die unter der Fuchtel ihrer Mutter **Katharina von Medici** (1519–89) stehen.

Heinrich II. und Katharina von Medici

Vor allem aber wird das Reich durch die Konflikte zwischen Katholiken und Protestanten (Hugenotten) erschüttert. **Karl IX.** (1550–74) sucht eine Verständigung mit dem Protestantenführer Admiral Gaspard de Coligny. Seine Mutter will dies jedoch verhindern und versucht, Coligny ermorden zu lassen. Als das misslingt, redet sie ihrem Sohn ein, Coligny plane eine Verschwörung gegen ihn. In der **Bartholomäusnacht** vom 24. auf den 25. August 1572 werden Tausende von Hugenotten niedergemetzelt.

Die Bourbonen

Die Bartholomäusnacht ist auch die Hochzeitsnacht von Margot, der Schwester des Königs, mit Heinrich aus dem Haus Bourbon, einer Seitenlinie des Königshauses, die auf den jüngsten Sohn Ludwigs des Heiligen im 13. Jahrhundert zurückgeht. Heinrich hat von seiner Mutter das Pyrenäenkönigreich **Navarra** geerbt, ein Sammelbecken der Hugenotten, und ist selbst zum Protestantismus konvertiert. Deshalb halten sich anlässlich seiner Hochzeit die meisten Hugenottenführer in Paris auf. Auch er wird in der Bartholomäusnacht festgenommen und kann erst nach vier Jahren fliehen. Nach dem Tod Katharinas von Medici macht ihn sein kinderloser Schwager **Heinrich III.** (1551–89) zum Erben der Krone – vorausgesetzt er werde wieder katholisch. Mit dem Spruch „Paris ist eine Messe wert" geht Heinrich von Navarra auf den Deal ein.

Französischer Absolutismus

Heinrich IV. (1553–1610) gelingt sowohl die Versöhnung von Katholiken und Hugenotten als auch die Befriedung des aufständischen Adels und ein Ausgleich mit den Nachbarländern. Er geht als „Le bon roi Henri" in die französische Geschichte ein. Allerdings wird er von einem fanatischen Katholiken ermordet, als sein Sohn erst neun Jahre alt ist. Die Regentschaft übernimmt zunächst seine Witwe **Maria von Medici** (1575–1642). Die zweite Frau Heinrichs IV., einst eine der reichsten Erbinnen Europas, regiert jedoch despotisch, launenhaft und unklug. Als **Ludwig XIII.** (1601–43) 16 Jahre alt ist, verbannt er seine Mutter und übernimmt selbst die Herrschaft. Die wahre Macht überlässt er aber seinem Minister Armand du Plessis, **Kardinal Richelieu** (1585–1642), der Frankreich sowohl wirtschaftlich und außenpolitisch weiter stärkt als auch die interne Macht des Königtums ausbaut.

Kardinal Richelieu

Als Ludwig XIII. stirbt, ist sein Sohn erst vier Jahre alt. Doch Richelieus Schüler Kardinal **Jules Mazarin** (1602–61) sorgt dafür, dass **Ludwig XIV.** (1638–1715) ein äußerst stabiles Reich übernehmen kann. Der „Sonnenkö-

nig" setzt dem französischen Absolutismus dann politisch und repräsentativ die Krone auf. Sein Regierungsstil und seine Prachtentfaltung werden von allen Herrschern Europas nachgeahmt. Frankreich ist die militärisch stärkste und auch wirtschaftlich modernste und leistungsfähigste Macht der damaligen Welt.

Ludwig XIV.: der Sonnenkönig

Tragisches Ende

Das System des französischen Absolutismus mit seiner gewaltigen Machtfülle für eine einzige Person ist jedoch auf politische Schwergewichte wie Richelieu oder Ludwig XIV. zugeschnitten. Ludwigs Nachfolger, sein Urenkel **Ludwig XV.** (1710–74) und dessen Enkel **Ludwig XVI.** (1754–93), sind beide eher schüchtern, ohne Tatkraft und politischen Weitblick. Ludwig XV. ist noch persönlich attraktiv und charmant und führt einen glanzvollen Hof mit berüchtigten Mätressen wie der **Marquise de Pompadour** und der Grä-

fin **Dubarry**. Ludwig XVI. dagegen gibt auch öffentlich keine gute Figur ab. Außerdem ist Frankreich inzwischen hoch verschuldet, das Volk hungert nach Missernten immer wieder, während der Adel – allen voran Königin **Marie-Antoinette** (1755–93) – in unerhörtem Luxus schwelgt und nicht bereit ist, Privilegien abzugeben. Der König ist ernsthaft um Lösungen bemüht und beruft zu diesem Zweck die Generalstände – die Vertreter von Adel, Klerus und Bürgertum – ein, was seine Vorgänger nie getan haben. Doch die Vertreter des dritten Standes nutzen diese Gelegenheit,

Sturm auf die Bastille

weit reichende politische Reformen zu fordern, und erklären sich zur Nationalversammlung, um eine neue, demokratischere Verfassung für Frankreich zu erarbeiten. Als das – falsche – Gerücht umgeht, der König wolle diese Versammlung gewaltsam auflösen, kommt es zum Sturm auf die Bastille und die **Französische Revolution** beginnt. Ludwig und seine Familie werden als Gefangene im Stadtschloss Tuilerien gehalten.

Der König versucht, die Situation zu entschärfen, indem er sich den Forderungen der Revolutionäre beugt. Doch im Ausland rüsten die anderen Monarchen zum Krieg gegen Frankreich. Das heizt die Stimmung der Revolutionäre an und gibt den Radikalen die Oberhand. Im September 1792 wird Ludwig abgesetzt, im Januar 1793 auf der Guillotine hingerichtet. Im Oktober stirbt auch die beim Volk äußerst verhasste Königin unter dem Fallbeil. Der Dauphin kommt 1795 im Alter von zehn Jahren im Gefängnis um.

Die Restauration

Nach dem Sturz Napoleons gelangen die Bourbonen noch mal auf den Thron. Doch **Ludwig XVIII.** (1755–1824) und **Karl X.** (1757–1836), zwei jüngere Brüder von Ludwig XVI., sind beim Volk wegen ihrer extrem reaktionären, zu keinerlei Zugeständnissen bereiten Haltung verhasst. 1830 kommt es in Paris zum Putsch. Karl X. wird zur Flucht gezwungen und durch seinen liberaleren Cousin Ludwig Philipp von Orleans (1773–1850), den **Bürgerkönig**, ersetzt. Dessen Regierung ist zuerst erfolgreich. Mit der Zeit wird er aber immer konservativer und ignoriert die sozialen Probleme. 1848 zwingen ihn die Franzosen deshalb ebenfalls ins Exil und machen Napoleons Neffen **Napoleon III.** (1808–73) zum Staatspräsidenten.

Die Bonapartes

Napoleon Bonaparte

Napoleon Bonaparte (1769–1821) wird als Sohn einer italienischstämmigen, kleinadeligen, kinderreichen Familie auf Korsika geboren. Sein Vater ist Anwalt. Mit zehn Jahren wird der junge Napoleon dank eines königlichen Stipendiums Schüler der französischen Kadettenschule von Brienne. Mit 16 hat er es bereits zum Offizier geschafft. In den Kriegen des revolutionären Frankreichs gegen den Rest Europas kann er sich schnell bewähren. 1797 zwingt er Österreich zur Kapitulation. Zwei Jahre später fürchtet er, politisch kaltgestellt zu werden, da ihm die machthabenden „Direktoren" seine Popularität beim Volk neiden. Er beteiligt sich an einem Putsch, kann danach schnell die anderen zwei „Konsuln" ausbooten und wird de facto Alleinherrscher. Innenpolitisch führt er liberale Reformen durch, außenpolitisch kann er Frankreich nicht nur gegen die Koalition der alten Monarchien verteidigen, sondern immer mehr Gebiete erobern. 1802 führt er eine Volksabstimmung durch, die ihn zum Konsul auf Lebenszeit macht, zwei Jahre später lässt er in einer weiteren Abstimmung seine Pläne **Kaiser** zu werden, absegnen, und krönt sich am 2. Dezember 1804 in der Kathedrale Notre Dame in Anwesenheit des Papstes persönlich.

Familienpolitik

Als Resultat seiner militärischen Erfolge gestaltet Napoleon Europa um und erschafft zahlreiche neue Staaten, so 1805 ein Königreich Italien, dessen Krone er selbst trägt, während er die Regentschaft seinem Stiefsohn **Eugène Beauharnais** (1781–1824) als Vizekönig überlässt. Für seinen Bruder **Louis** (1778–1846) formt er aus seinen Eroberungen 1805 das Königreich Holland und für den jüngeren **Jerome** (1784–1860) zwei

Jahre später aus Gebieten, die er Preußen abgenommen hat, das Königreich Westphalen. Sein Bruder **Joseph** (1768–1844) wird 1808 König des eroberten Spaniens und seine Schwester **Caroline** (1782–1839) mit ihrem Ehemann Joachim Murat das Königspaar von Neapel. Seiner älteren Schwester **Elisa** (1777–1802) überlässt er das Großherzogtum Toskana. Nur die unpolitische Lieblingsschwester **Pauline** (1780–1825) und Bruder **Lucien** (1775–1840), der sich weigert, sich von seiner Frau scheiden zu lassen und eine spanische Prinzessin zu heiraten, bleiben ohne Thron.

Obwohl die Bonapartes allesamt schwierige Charaktere sind und in keiner Weise auf eine Herrscherrolle vorbereitet, meistern sie ihre Aufgaben – mit Ausnahme des glücklosen und unbeliebten Joseph in Spanien – recht gut. Vor allem Louis führt in Holland zahlreiche Reformen durch und setzt sich so sehr für die Belange des Landes ein, dass sein Bruder ihn 1810 zur Abdankung nötigt und Holland zur französischen Provinz macht. Bei der Bevölkerung ist Louis jedoch so beliebt, dass er sich nach dem Sturz seines Bruders Hoffnungen macht, seinen Königstitel wiederzubekommen. Die Niederländer erwägen das sogar, entscheiden sich dann aber für das Haus Oranien.

Napoleon III.

Napoleons gleichnamiger Neffe, Spross einer unglücklichen, von Napoleon arrangierten Ehe zwischen dessen Bruder Louis und seiner Stieftochter Hortense Beauharnais, lebt nach dem Sturz des Onkels zunächst mit seiner Mutter im Schweizer Exil. 1836 versucht er einen Putschversuch, der jedoch scheitert. Bei einem zweiten Versuch 1840 wird er festgenommen, kann jedoch fliehen. Als es 1848 wieder zu Unruhen in Frankreich kommt, reist er sofort nach Paris und wird dort zum Staatspräsidenten der neuen Republik gemacht. Drei Jahre später führt er einen Staatsstreich durch und lässt die Regierung entmachten. In einer anschließenden Volksabstimmung plädiert eine überwältigende Mehrheit für die Wiedererrichtung des Kaiserreichs. Napoleon III. agiert zunächst erfolgreich, ist jedoch fest entschlossen, die Entstehung eines geeinten Deutschlands zu verhindern. Schließlich lässt er sich von Bismarck 1870 zu einem Krieg provozieren. Nach der verheerenden Niederlage bei Sedan wird er von den Preußen gefangen genommen. Die Franzosen erklären ihn daraufhin für abgesetzt und rufen wieder einmal die Republik aus. Napoleon stirbt im britischen Exil, sein einziger Sohn fällt 1879 in britischen Diensten in Südafrika.

Exkurs: Die Grimaldis

In der Klatschpresse gehören sie zu den Schwergewichten, politisch jedoch war die Rolle, die Monacos Fürsten spielten, nie besonders groß. Die herrschende Familie der Grimaldis stammt aus der Seerepublik Genua. Dort toben im späten Mittelalter die Kämpfe zwischen den papsttreuen Guelfen und den kaisertreuen Ghibellinen. Die guelfischen Grimaldis werden 1296 vertrieben. Ein Jahr später kann Francesco Grimaldi die genuesische Festung Monaco erobern. In der Folge suchen die Grimaldis das Bündnis mit Frankreich und verdingen sich den französischen Königen immer wieder als Condottiere (Söldnerführer). Außerdem müssen sie bis ins 16. Jahrhundert hinein mehrere Versuche Genuas überstehen, die Stadt zurückzugewinnen.

Revolution in Monaco

1789 bricht in Frankreich die Revolution aus. **Honoré III.** von Monaco (1720–95) pocht darauf, dass er ein ausländisches Staatsoberhaupt ist, doch das nutzt ihm nichts. Sein französischer Besitz wird enteignet und Monaco unter dem Namen Fort Herkules von Frankreich annektiert. Honoré III. stirbt in einem Pariser Gefängnis, seine Schwiegertochter unter der

Guillotine. Nach Napoleons Sturz 1815 erhalten die Grimaldis ihre Stadt zurück, stecken jedoch in großen finanziellen Schwierigkeiten. **Honoré V.** (1778–1841) versucht mit harter Hand, die Finanzen zu sanieren, was jedoch zu Unruhen führt. Die Monegassen fordern ein Ende der absolutistischen Grimaldiherrschaft. Im Jahr 1848 erklären sich die Bürger der zu Monaco gehörenden Städte Menton und Roquebrune zur Freien Republik. Monaco verliert damit 80 Prozent seines Territoriums. 1861 erkennt **Charles III.** (1818–89) die Tatsachen an. Das bringt ihm ein gutes Verhältnis zu Frankreich ein. Monaco kann am allgemeinen Aufschwung der Côte d'Azur teilhaben. Charles gründet das Casino, das bald ein durchschlagender Erfolg wird. Bereits 1869 sind die Einnahmen so

Fürstin Gracia Patricia mit Prinz Albert und Prinzessin Caroline, dahinter Fürst Rainier

hoch, dass die direkte Besteuerung der Bürger abgeschafft wird.

Der Glamour der Nachkriegsjahre

Dass Monaco auch den **Zweiten Weltkrieg** unbeschadet übersteht, hat es zunächst einer geheimen Kooperation mit Hitlerdeutschland zu verdanken, das über das unabhängige Fürstentum Finanzaktionen abwickelt. Später tritt der Thronerbe, der spätere **Rainier III.** (1923–2005), aber den Streitkräften von Charles de Gaulles bei und kämpft auf der Seite der Alliierten.

Dies führt dazu, dass de Gaulle auf eine Annexion Monacos verzichtet. 1956 heiratet Rainier dann in der „Hochzeit des Jahrhunderts" die amerikanische Filmschauspielerin **Grace Kelly** (1929–82), die er bei den Filmfestspielen in Cannes kennengelernt hat. Kelly, nun Fürstin Gracia Patricia, gibt ihren Beruf auf, holt aber ihre ehemaligen Kollegen aus Hollywood nach Monaco, gibt glanzvolle Galas und sorgt so dafür, dass sich der Jetset in dem kleinen Fürstentum trifft.

1982 kommt Gracia Patricia bei einem Autounfall um. Seitdem stehen ihre Kinder im Rampenlicht der Öffentlichkeit, vor allem die älteste Tochter Caroline (geb. 1957), die 2004 sogar den Europäischen Gerichtshof für Menschenrechte bemüht, um sich ge-

gen die Boulevardpresse zu schützen. Das sogenannte Caroline-Urteil verbietet alle Fotoveröffentlichungen aus der Privatsphäre Prominenter. Seit 2005 ist ihr Bruder **Albert** (geb. 1958) neuer Fürst von Monaco.

? Schon gewusst?

Regelmäßig macht sich die Boulevardpresse Sorgen um den Fortbestand Monacos, da Prinz Albert noch unverheiratet ist. Denn ohne Thronerben fällt das Land an Frankreich. Doch als Erben sind auch Frauen, illegitime oder adoptierte Kinder und entfernte Verwandte zulässig. 1457 etwa heiratete Erbtochter Claudine einen Cousin aus der Grimaldilinie aus Antibes, um den Fortbestand des Fürstentums zu sichern. 1731 wurde Erbtochter Louise-Hippolyte Regentin und gab das Fürstentum an ihren Sohn aus der Ehe mit dem französischen Adligen Jacques de Martignon weiter. Und Louis II. (1870–1949) hatte nur eine uneheliche Tochter aus einer Liaison mit einer Cabarettänzerin und Armeewäscherin. Diese heiratete den französischen Adligen Pierre de Polignac und wurde Mutter von Rainier III., der seinem Großvater auf den Thron folgte. Derzeit ist Alberts Schwester Caroline die Erbin Monacos.

Großbritannien

Im Gegensatz zu Frankreich wird die englische Königskrone auch in weiblicher Linie vererbt. Dies brachte immer wieder ausländische Dynastien auf den Thron. Doch obwohl es eigentlich eine klar geregelte Erbfolge gibt und die Krone immer an den nächsten Verwandten des vorigen Herrschers fallen soll, existiert kaum ein anderes Land in Europa, in dem so viele und so lange blutige Familienfehden um die Krone ausgetragen wurden wie in England.

Englische Thronfolgekämpfe: die Rosenkriege

Die englischen Könige des Mittelalters

Die ältesten Könige der Britischen Inseln, die bekannt sind, sind die keltischen Stammeskönige, die zur Zeit der römischen Besatzung im heutigen England leben. Legendär wird vor allem die Icenerkönigin **Boudicca**, die in den Jahren 60 bis 61 einen Aufstand gegen die Römer anführt, aber scheitert. Auch der sagenumwobene König **Artus** ist möglicherweise ein keltischer Stammeskönig (oder aber ein römischer Heerführer), der im 5. oder 6. Jahrhundert lebt.

Die angelsächsischen Könige

Im 5. Jahrhundert kommt es dann auch zu einer Einwanderung der Jüten, Angeln und Sachsen aus Dänemark und Norddeutschland nach England. Diese bilden Ende des 6. Jahrhunderts mehrere Kleinkönigreiche: Northumbria, Eastanglia, Mercia, Sussex, Wessex, Essex und Kent. Etwa um 886 gelingt es **Alfred dem Großen** von Wessex (um 847–899) die angelsächsischen Reiche im Kampf gegen die Wikinger zu einen. Er gilt damit als erster König von England. Seine Enkelinnen heiraten bereits Herrscher wie

Im ebenfalls keltischen Irland gab es zur Römerzeit über 100 Kleinkönigreiche, die nicht viel mehr als Clanterritorien waren. Später bildeten sich fünf größere Reiche: Ulster, Nord-Leinster, Süd-Leinster, Munster und Connaught. Rund um diese Königreiche gibt es mehrere Sagenzyklen. Doch ihre Protagonisten, etwa **Cu Chulainn**, der Held von Ulster, oder die **Königin Medb** von Connaught, trugen Züge keltischer Gottheiten und gingen wohl kaum auf historische Personen zurück. Um 1005 gelang es dann einem gewissen **Brian Boru** tatsächlich für einige Jahre die Herrschaft über ganz Irland zu erringen. 1166 versuchte auch König **Diarmait von Leinster** (1110–71), irischer Hochkönig zu werden. Er rief den englischen König Heinrich II. zu Hilfe, was damit endete, dass Irland von England erobert wurde.

Kaiser Otto I., Karl III. von Frankreich, Graf Hugo von Paris und Herzog Boleslaw von Böhmen. An der Ostküste und in Yorkshire allerdings können sich dänische Wikinger festsetzen. 1002 lässt König **Aethelred der Unberatene** (um 936–1016) viele Dänen umbringen, darunter auch die Schwester des dänischen Königs

Sven Gabelbart. Dieser fällt darauf in England ein und zwingt Aethelred 1013 zur Flucht in die Normandie. In der Folge kämpfen Aethelreds Söhne mit Svens Sohn **Knut dem Großen** (um 995–1035) um die Herrschaft in England. 1016 setzt sich Knut durch. Da seine Söhne aber früh sterben, kommen mit seinem Stiefsohn **Eduard dem Bekenner** (um 1004–66) wieder die Angelsachsen auf den Thron. Eduard ist in der Normandie aufgewachsen. Deshalb hat er viele normannische Vertraute und führt Reformen nach normannischem Vor

Eduard der Bekenner

51

1016 schlossen Knut der Große und König Aethelreds Sohn aus erster Ehe, **Edmund Ironside**, ein Abkommen. Knut wurde König von England, Edmund blieb Herrscher von Wessex. Nach dem Tod des einen sollte der andere ganz England übernehmen. Bereits einen Monat später starb Edmund. Ob nachgeholfen wurde, ist unbekannt. Knut ließ daraufhin Edmunds jüngere Brüder und Schwäger umbringen. Edmunds Söhne schickte er angeblich zu seinem Halbbruder **Olav Skötkonung** nach Schweden mit dem Befehl, sie zu töten. Olav jedoch sandte die beiden Jungen weiter nach Kiew, wo seine Tochter Königin war. Unterdessen heiratete Knut **Emma von der Normandie**, die zweite Frau König Aethelreds und Edmunds Stiefmutter. Vermutlich spielte die ehrgeizige Frau freiwillig mit, ließ ihre Kinder von Aethelred, darunter Eduard den Bekenner, aber vorsichtshalber in der Normandie. Trotz dieser familiären Grausamkeiten wird Knut als sehr bedeutender, erfolgreicher Herrscher angesehen, der England schon deshalb eine Phase des Friedens und Wohlstand bescherte, weil es durch die Personalunion mit Dänemark keine Angriffe der Wikinger mehr gab.

bild durch. Das führt zu einem Aufstand angelsächsischer Adliger, geführt von Eduards Schwiegervater, Earl **Godwin von Wessex** (um 1001–53). Eduard verstößt daraufhin seine Frau. Er kann sich auf dem Thron halten. Doch als er kinderlos stirbt, ist die Nachfolge ungeregelt.

Die normannischen Könige

Nach Eduards Tod reklamieren drei Kandidaten die englische Königskrone für sich: **Harold Godwinson** (1022–66), sein ehemaliger Schwager und Mächtigster der angelsächsischen Adligen, sein Neffe **Wilhelm von der Normandie** (um 1027–87), der behauptet, Eduard habe ihn als Erben eingesetzt, wofür es jedoch keine Zeugen gibt, und **Harald Hardrada** (1015–66), der Knuts Söhnen Norwegen entreißen konnte und nun auch Anspruch auf den Rest von Knuts Reich anmeldet. Der englische Adel entscheidet sich für Harold Godwinson, der Harald Hardrada am 25. September 1066 in der Schlacht von Stamford Bridge in Yorkshire besiegen kann. Unterdessen aber landet Wilhelm an der Kanalküste. Am 14. Oktober kommt es zur legendären Schlacht von Hastings, die Harold mit seinem geschwächten und zu einem großen Teil aus Bauern ohne Kampferfahrung bestehenden Heer verliert.

William I. der Eroberer, Teppich von Bayeux

Nach seinem Sieg strukturiert „William the Conqueror" England vollkommen um. Das Land wird zentral regiert und aller Grundbesitz vom König als Lehen vergeben. Die einzelnen Verwaltungseinheiten (Shires) haben einen Sheriff, der direkt dem König verantwortlich ist. Dazu wird ein neues normannisches Rechtssystem eingeführt und alle hohen Ämter gehen an Normannen. 1100 jedoch kommt es nach dem Tod von Wilhelms ältestem Sohn **Wilhelm II.** zum Thronstreit zwischen dessen Brüdern Robert und Heinrich (um 1068–1135). Heinrich kann sich schließlich durchsetzen, muss dem Adel aber Zugeständnisse machen (Charta der Freiheiten). **Heinrich I.** führt die Reformen seines Vaters weiter, doch als er an einer Lebensmittelvergiftung stirbt, stürzt England in eine Krise. Sein einziger legitimer Sohn ist bereits 1120 mit vielen anderen jungen Adligen beim Untergang des Weißen Schiffs ertrunken. Zwar hat Heinrich vor seinem Tod die Barone verpflichtet, seine Tochter **Mathilde** (1102–67) als Erbin anzuerkennen, doch nachdem er gestorben ist, macht auch der Sohn seiner Schwester **Stephen von Blois** (1097–1154) Ansprüche auf die Krone geltend.

! Wilde Familienverhältnisse II

Die Geschichte von Edmund Ironsides Söhnen hat eine Fortsetzung: 1057 versuchte der ältere, Eduard, nach England zurückzukommen, starb aber zwei Tage später. 1066 floh seine Familie vor den normannischen Eroberern und geriet in einem Sturm auf See nach Schottland, was dazu führte, dass der schottische König Malcolm III. Eduards Tochter Margarete (um 1045–93) heiratete. Ihre Tochter Edith-Mathilde (um 1080–1118) heiratete Heinrich I. von England, sodass Edmund Ironsides Nachkommen doch noch auf den englischen Thron kamen.

Die Anjou-Plantagenets

Mathilde oder Maud ist in erster Ehe mit Kaiser Heinrich V. verheiratet gewesen. 1128 heiratet sie dann auf Wunsch ihres Vaters den erst 15-jährigen Grafen von Anjou, Tours und Maine **Gottfried** (1113–51). Da zwischen Anjou und der Normandie zuvor eine lange Feindschaft bestanden hatte und auch die weibliche Erbfolge beim normannischen Adel unpopulär war, kann Mauds Cousin Stephen anfangs den englischen Thron besteigen. Maud beginnt einen Bürgerkrieg, den sie 1148 verloren geben muss. Da Stephen jedoch keine Kinder hat, macht er Mauds Sohn zu seinem Erben. 1154 wird dieser als **Heinrich II.** (1133–89) neuer König.

Heinrich gelingt es, das Reich nach den Bürgerkriegen wieder zu ordnen. Als er allerdings auch die Macht der Kirche beschneiden will, kommt es zu einem heftigen Konflikt mit seinem Lordkanzler **Thomas Beckett.**

Ermordung von Thomas Beckett

Der wird schließlich 1170 von vier Rittern des Königs in der Kathedrale von Canterbury ermordet. Heinrich wird zumindest als indirekter Anstifter gesehen und verliert massiv an Renommee. Auf Geheiß des Papstes geißelt er sich öffentlich und betet eine ganze Nacht lang an Becketts Grab. Zwei Jahre später rebellieren Heinrichs vier Söhne gegen ihn, unterstützt von ihrer Mutter **Eleonore von Aquitanien** (um 1122–1204). Diese ist ein ähnlich dominanter Charakter wie Heinrich, sodass die beiden seit jeher eine äußerst turbulente Ehe führen. Nach der Rebellion vergibt

Heinrich seinen Söhnen, lässt Eleonore aber einkerkern. Doch sein Sohn **Richard** (1157–99) rebelliert 1189 erneut und zwingt den Vater, ihn als alleinigen Erben des Reiches anzuerkennen, obwohl es einen Sohn eines älteren, schon verstorbenen Bruders gibt und Heinrich ursprünglich vorhatte, das Reich, das auch halb Frankreich umfasst, unter seinen Söhnen aufzuteilen.

Richard Löwenherz

Richard Löwenherz ist eine populäre Sagengestalt, obwohl es dafür vermutlich wenig Grund gibt. Seinen Beinamen erwirbt er sich als Kämpfer auf dem Dritten Kreuzzug. Dabei begeht er allerdings auch große Grausamkeiten, wie das Abschlachten muslimischer Frauen und Kinder. Zudem macht er sich den deutschen Kaiser, den französischen König und den Herzog von Österreich zu Feinden. Das hat zur Folge, dass der Österreicher ihn auf dem Rückweg vom Kreuzzug gefangen nimmt, an Kaiser Heinrich VI. ausliefert und der französische König Philipp II. August für jeden Monat bezahlt, den Heinrich Richard in Gefangenschaft länger hält. Schließlich muss Richard 23 Tonnen Silber Lösegeld aufbringen und dem Kaiser einen Lehenseid schwören, was allerdings politisch folgenlos bleibt. Schwerer wiegt, dass er große Teile des französischen Besitzes an Philipp II. verliert. Unter Richards Bruder **Johann Ohneland** (1167–1216) geht der Verlust der französischen Ländereien weiter. Außerdem kann sich Johann nicht gegen den aufständischen Adel durchsetzen und muss 1215 mit der **Magna Charta** wesentliche Freiheitsrechte garantieren. Erst sein Enkel **Eduard I.** (1239–1307) kann innenpolitisch wieder für Ordnung sorgen, macht sich allerdings auch durch grausame und letztendlich erfolglose Feldzüge gegen Schottland einen Namen.

? Schon gewusst?

In der gängigen Version der **Robin-Hood**-Sage lässt Johann Ohneland England für Richards Lösegeld bluten, steckt es am Ende aber in die eigene Tasche. In Wahrheit weigerte sich Johann öffentlich, für die Freilassung seines Bruders zu zahlen. Die Summe wurde schließlich von beider Mutter Eleonore zusammengebracht, die dafür Kronbesitz verkaufte. Der freigelassene Richard kümmerte sich dann wenig um England, hielt sich stattdessen vor allem in Frankreich auf. Und Robin Hood war – falls er überhaupt je gelebt hat –, wie die ältesten Balladen über ihn beweisen, ein Anarchist, der jegliche Königsherrschaft bekämpfte

Eduard I.

Familienfehden

Eduards Sohn **Eduard II.** (1284–1327) bringt durch Günstlingswirtschaft und politische Glücklosigkeit den Adel gegen sich auf. Der lässt Eduards Favoriten hinrichten, worauf auch der König immer grausamer zurückschlägt. Schließlich setzen sich seine französische Frau **Isabella** (1292–1358), eine Tochter Philipps des Schönen, und ihr Liebhaber Roger Mortimer an die Spitze der Verschwörung. Eduard wird abgesetzt, eingekerkert und schließlich getötet, angeblich, indem man ihm durch einen Trichter (damit keine äußerlichen Spuren bleiben) eine glühende Eisenstange in den Darm stößt. Drei Jahre später übernimmt sein Sohn **Eduard III.** (1312–77) die Herrschaft. Er lässt Mortimer hinrichten und seine Mutter einkerkern. Unter ihm

wird England zur stärksten Nation Europas. Er beginnt jedoch auch den anfangs erfolgreichen, aber unglücklich endenden **Hundertjährigen Krieg** gegen Frankreich. Nach seinem Tod brechen erbarmungslose Erbstreitigkeiten aus. Erster Nachfolger ist sein Enkel **Richard II.** (1367–1400), der Sohn des früh verstorbenen „Schwarzen Prinzen", der als Kriegsheld gegen Frankreich populär geworden war. Richard regiert erst unglücklich und dann zunehmend grausam. Im Ringen zwischen dem König und der Adelsopposition rollen reihenweise Köpfe. Der britische Hochadel dezimiert sich gegenseitig, wobei oft Cousins, Onkel und Neffen oder Schwäger gegeneinanderstehen. Schließlich wird Richard von seinem Cousin **Heinrich IV.** (1366–1413) aus dem Familienzweig der Herzöge von Lancaster abgesetzt, eingekerkert und wahrscheinlich ermordet. Dank seiner erfolgreichen Regierung hält Heinrich sich an der Macht und sein Sohn **Heinrich V.** (1387–1422) wird durch spektakuläre Kriegserfolge gegen Frankreich zum Helden. Er erwirbt sogar ein Anrecht auf die französische Krone, stirbt aber ein Jahr später an der Ruhr.

Die Rosenkriege

Die Lancasterpartei im englischen Adel sichert den Thron zunächst für Heinrichs kleinen Sohn **Heinrich VI.** (1421–71). Doch der Hundertjährige Krieg geht verloren und der König beginnt, wie sein französischer Großvater Karl VI., Anzeichen einer Geisteskrankheit zu zeigen. In dieser Situation meldet sein Cousin **Richard, Herzog von York** (1411–60), Ansprüche auf die Krone an. Zum einen stammt er vom zweiten Sohn Eduards III. ab, während das Haus Lancaster sich nur auf den dritten Sohn zurückführen kann. Zum zweiten ist Heinrich VI. mindestens ebenso regierungsunfähig wie Richard II., der deswegen 1399 von den Lancasters gestürzt worden ist. Es beginnt der Bürgerkrieg zwischen der weißen Rose von York und der roten von Lancaster. 1461 wird Heinrich gefangen genommen und abgesetzt. Neuer König wird Richards Sohn **Eduard IV.** (1442–83) aus dem Hause York. Heinrichs Frau Margarete von Anjou kämpft jedoch für ihren Sohn Eduard weiter. 1471 fällt der Kronprinz in der Schlacht von Tewkesbury und sein Vater wird wenig später im Tower ermordet. Der Familienkrieg scheint beendet. Doch 1483 stirbt plötzlich Eduard IV. und das Morden innerhalb des Hauses York geht weiter. Eduards Witwe Elisabeth Woodville und sein Bruder Richard (1452–85), beide mit einer mächtigen Adelsfraktion hinter sich, streiten sich

um die Vormundschaft für den zwölfjährigen **Eduard V.** Schließlich setzt Richard sich durch. Er lässt seinen Neffen und dessen kleinen Bruder zu Bastarden erklären und in den Tower werfen. Sich selbst macht er 1483 als **Richard III.** zum neuen König. Die

Richard III.

beiden kleinen Prinzen im Tower werden mit ziemlicher Sicherheit bald ermordet. Ob allerdings Ri-

 Schon gewusst?

Die dramatischen Ereignisse von der Regierung Richards II. bis zu der Richards III. wurden von **William Shakespeare** (1564–1616) als Bühnenstoff verarbeitet. Dabei sind die Könige des Hauses Lancaster die Guten, während vor allem Richard III. ein vollendeter Schurke ist. Inwieweit dies historisch zutrifft, ist fraglich. Sicher ist jedenfalls, dass Shakespeare auf das Wohlwollen von Königin Elisabeth I. angewiesen war, und die führte sich auf die Lancasterkönige zurück, was zumindest eine gewisse Parteilichkeit nahelegt.

chard der Täter ist, darüber spekuliert England bis heute.

Die Tudors und Stuarts

Nach der Krönung Richards III. zaubert die Lancasterpartei einen neuen Thronanwärter aus dem Hut: **Heinrich Tudor** (1457–1509). Sein Großvater, ein walisischer Ritter namens Owen Tudor, hat um 1428 in einer Skandalehe die Witwe von König Heinrich V., Katharina von Frankreich, geheiratet. Deren ältester Sohn Edmund wiederum heiratete Margaret Beaufort aus einer Seitenlinie des Hauses Lancaster. Ihr Urgroßvater war Johann von Lancaster (John of Gaunt), der dritte Sohn König Eduards III., ihre Urgroßmutter eine nicht ebenbürtige Mätresse, die Johann nach dem Tod seiner zwei Ehefrauen noch heiratet. Die Thronansprüche Heinrich Tudors sind also schwach. Aber er kann sich militärisch durchsetzen und anschließend als Heinrich VII. wieder für Frieden im Land sorgen. Dazu gehört auch, dass er **Elisabeth von York** (1466–1503) heiratet, die Tochter Eduards IV.

Heinrich VIII.

Sein Sohn Heinrich VIII. (1491–1547) ist vor allem durch seine sechs Ehefrauen bekannt. Anfangs ein beliebter und erfolgreicher

Heinrich VIII.

Herrscher, wird es irgendwann bei ihm zur fixen Idee, seine spanische Ehefrau **Katharina** (1485–1536) loszuwerden, die ihm nur eine Tochter geboren hat, und seine Geliebte **Anne Boleyn** (um 1501–36) zu heiraten. Da der Papst eine Scheidung verweigert, sagt sich Heinrich 1534 von Rom

Thomas Morus

los und gründet die anglikanische Kirche, deren Oberhaupt er persönlich ist. Der Widerstand ist zu einer Zeit, da auf dem Kontinent längst die Reformation in vollem Gange ist, nicht sehr groß, aber wer protestiert, wie etwa der Lordkanzler **Thomas Morus** (1478–1535), wird hingerichtet.

Mit der Zeit wird Heinrich dann immer despotischer. Er lässt zwei seiner Ehefrauen, darunter Anne Boleyn, wegen angeblichen Ehebruchs hinrichten und einen Großteil der adeligen Opposition gleich dazu. Die vierte Ehefrau, die unattraktive **Anna von Kleve** (1515–57), kommt zwar mit einer Scheidung davon, doch Lordkanzler **Thomas Cromwell** (1485–1540), der diese Ehe vermittelt hat, einst Heinrichs engster Vertrauter, wird wegen Hochverrats enthauptet.

Das Zeitalter der Königinnen

Heinrichs einziger Sohn **Eduard VI.** stirbt schon 1553. Thronfolgerin ist seine älteste Schwester **Maria** (1516–58). Doch da sie katholisch ist, will die Protestantenpartei ihre Krönung verhindern. Sie macht die 16-jährige **Jane Grey**, eine Urenkelin Heinrichs VII., zur neuen Königin. Marias Anhang ist jedoch noch stärker. Sie stürzt die Opposition und lässt Jane hinrichten. Als sie aber mit **Philipp II. von Spanien** den „katholischs-

ten" Fürsten Europas heiratet, schwindet ihr Anhang. Es kommt zu Rebellionen der Protestanten, die Maria mit zunehmender Härte niederschlagen lässt, was ihr schließlich den Beinamen **Bloody Mary** einbringt. Als sie mit 42 Jahren an Krebs stirbt, folgt ihr ihre protestantische Schwester **Elisabeth I.** (1533–1602) auf den Thron, was nun zu massiven Katholikenverfolgungen führt. Trotzdem ist die Regierungszeit Elisabeths eine der glänzendsten Epochen in der britischen Geschichte, in der England zur dominierenden Seemacht wird.

Elisabeth I.

Die Stuarts

Da die „jungfräuliche Königin" Elisabeth zwar vermutlich mehrere Liebhaber hat, sich jedoch nie zu einer Ehe entschließen kann, fällt die Krone nach ihrem Tod an ihren Neffen **Jakob I.** (1566–1625) und damit an das schottische Königshaus Stuart. Jakob ist ein sehr selbstherrlicher König, der von Gottesgnaden regieren möchte und sich mit den weitreichenden Befugnissen schwertut, die das englische Parlament sich im Laufe der Zeit hat erstreiten können. Unter seinem Sohn **Karl I.** (1600–49) eskaliert der Konflikt derart, dass es zum Bürgerkrieg kommt. Unter Leitung von **Oliver Cromwell** (1599–1658) ruft das Parlament 1649 die Republik aus und lässt den König hinrichten. Doch da die Republik unter Cromwells Nachfolgern schnell in die Krise gerät, kann Karls Sohn **Karl II.** (1630–85) 1660 zurück auf den Thron gelangen. Aber auch er regiert autokratisch und der Konflikt mit dem Parlament bleibt. Als Karl stirbt, kommt es in den Augen vieler Engländer noch schlimmer. Sein jüngerer Bruder **Jakob II.** (1633–1701) ist nicht nur ein Despot, sondern auch noch Katholik. 1688 fordert eine Gruppe englischer Adeliger Jakobs Schwiegersohn, den niederländischen Statthalter Wilhelm (1650–1702), zur Invasion auf. In der „Glorious Revolution" übernimmt Wilhelm relativ unblutig die Macht und wird als **William III.** zusammen mit seiner Frau **Maria II.** (1662–94) neuer König. Allerdings muss er den Engländern zuvor mit der **Bill of Rights** weit gehende politische Rechte garantieren. Nach seinem Tod wird Marias jüngere Schwester **Anne** (1665–1714) neue Königin. Sie legt 1701 fest, dass nur noch protestantische Nachfahren ihrer Verwandten Sophie von der Pfalz auf den englischen Thron gelangen dürfen.

❓ Schon gewusst?

Die katholischen Nachkommen Jakobs II. waren keineswegs gewillt, ihren Anspruch auf den englischen Thron aufzugeben. Sie bildeten zunächst eine Exilregierung in Frankreich. 1745 versuchte Jakobs 25-jähriger Enkel Karl (**Bonnie Prince Charlie**) eine Invasion in Schottland, von wo aus er England erobern wollte. Er wurde jedoch 1746 in der Schlacht von Culloden vernichtend geschlagen. Die anschließende fünfmonatige Flucht des Prinzen durch Schottland ist dort immer noch Gegenstand romantischer Legenden. Schließlich starb er im Alter von 65 als Alkoholiker in Frankreich. Es gibt jedoch immer noch eine jakobitische Partei, die den derzeitigen Chef des Hauses Wittelsbach, Franz Prinz von Bayern, als legitimen Erben der britischen Krone ansieht.

Das Haus Hannover

Sophie (1630–1714), die Tochter des böhmischen Kurzzeitkönigs Friedrich V. und Enkelin Jakobs I. von Großbritannien, stirbt zwei Monate vor Königin Anne. Deshalb wird ihr Sohn Georg von Braunschweig-Lüneburg (1660–

 Schon gewusst?

Georg I. war vor seiner Thronbesteigung mit seiner reichen Cousine Sophie Dorothea von Braunschweig-Lüneburg-Celle (1666–1726) verheiratet worden. Die beiden konnten einander jedoch überhaupt nicht ausstehen und Georg widmete sich bald seinen Mätressen. Als sich Sophie Dorothea dann dem Grafen Philipp Christoph Königsmarck zuwandte, wurde dieser vermutlich von Georgs Leuten ermordet. Jedenfalls war er 1694 plötzlich spurlos verschwunden, was aus der Angelegenheit einen europäischen Skandal machte. Sophie wurde bis zu ihrem Tod in Schloss Ahlden in der Lüneburger Heide eingekerkert und kam nie in das Land, dessen Königin sie nominell 1714 geworden war. König Georg brachte dafür zwei ausgesucht hässliche Mätressen mit nach England, die dort als „Maibaum" und „Elefant" verspottet wurden.

1727) neuer englischer König. Da die Braunschweiger Kurfürsten später auch Könige von Hannover werden, wird seine Dynastie als das Haus Hannover bezeichnet.

Die Könige aus Deutschland

Georg I. spricht nur schlecht Englisch und hat auch sonst Schwierigkeiten, sich durchzusetzen, sodass die Macht des Parlaments unter seiner Regierung noch einmal wächst, namentlich die Partei der Whigs (Liberalen). Auch sein Sohn **Georg II.** (1683–1760) überlässt die Regierungsgeschäfte weitgehend seinem Premierminister. Erst dessen Enkel und Nachfolger **Georg III.** (1738–1820), wegen seines bescheidenen Lebensstils auch „Farmer George" genannt, ist gebürtiger Engländer und spricht Englisch als Muttersprache. Aber er verliert im **Amerikanischen Unabhängigkeitskrieg** (1775–83) die überseeischen Kolonien. Erst mit der Ernennung des erst 24-jährigen **William Pitt des Jüngeren** (1759–1806) zum Premierminister im Jahr 1783 und dessen erfolgreicher Politik wird auch der König populär. Dies steigert sich im Krieg gegen **Napoleon**. Großbritannien ist zeitweise das einzige Land, das sich dem Korsen noch in den Weg stellt, und der entbehrungsreiche, aber heroische Kampf, der am 18. Juni 1815 im Sieg bei Waterloo mündet, wird schnell zum britischen Mythos. Allerdings zeigt der König immer wieder Anzeichen einer Geisteskrankheit und 1811 übernimmt sein ältester Sohn die Regentschaft. Diese Regencyzeit unter dem lebenslustigen und extravaganten „Prinny" – später **Georg IV.** (1762–1830) – wird zu einer gesellschaftlich glanzvollen

„Prinny" George IV.

Epoche Großbritanniens, in denen Männer wie der Dandy **„Beau" Brummell** (1778–1840) oder der Dichter **Lord Byron** (1788–1824) den Ton angeben. Dahinter verbergen sich allerdings die großen sozialen Probleme der beginnenden industriellen Revolution.

Queen Viktoria

Da sowohl Georg IV. als auch sein Bruder **Wilhelm IV.** (1765–1837) zahlreiche Mätressen, jedoch keine legitimen Nachkommen haben, fällt der Thron an ihre 18-jährige Nichte **Viktoria** (1819–1901).

Das viktorianische Zeitalter wird eines der bedeutendsten der britischen Geschichte. In dieser außenpolitisch sehr expansiven Zeit ist Viktoria das Oberhaupt

Die junge Queen Viktoria

von etwa einem Drittel der Weltbevölkerung. Allerdings wird die Politik nur teilweise von ihr und zu großen Teilen von Parlament und Regierung bestimmt. Vor allem mit ihrem Premierminister **Benjamin Disraeli** aber, der 1868 und von 1874 bis 1880 im Amt ist, arbeitet sie sehr eng zusammen. Außerdem weiß sich Viktoria bei Bedarf durchzusetzen, z. B. indem sie mit Abdankung droht. Gesellschaftlich dagegen herrscht ein sehr konservativer prüder Geist. Trotzdem ist Viktoria nicht zimperlich, wenn es gilt, politische Ehen für ihre Kinder zu arrangieren. Sie wird so zur „Großmutter Europas" und ihr Begräbnis zum letzten großen Familientreffen der gekrönten Häupter Europas, bevor der Erste Weltkrieg viele Monarchien hinwegfegt.

Viktoria verliebte sich 1839 in ihren Cousin Albert von Sachsen-Coburg und Gotha und setzte ein Jahr später eine Heirat durch. Die beiden hatten neun Kinder, zu denen Viktoria allerdings kein sehr tiefes Verhältnis hatte. Ihren Mann dagegen liebte sie über alles und er hatte (hinter den Kulissen) auch beträchtlichen Einfluss auf sie – sowohl in der Politik als auch in Sachen prüder Moral. Nach seinem Tod im Jahr 1866 zog sie sich sehr zurück und trug nur noch Witwentracht. Mit ihm begründete sie die Dynastie Saxe-Coburg-Gotha. Doch im Ersten Weltkrieg klang der Name vielen Briten zu Deutsch und Georg V. änderte ihn 1917 in „Windsor".

Die Windsors

Viktorias ältester Sohn **Eduard VII.** (1841–1910) hat eine Vorliebe für Glücksspiel, Mätressen und ähnliche Vergnügungen. Seine Mutter hält ihn deswegen möglichst lange von der Regierung fern. Als er mit 59 Jahren den Thron besteigt, ist er einer der ältesten Anwärter, die es je gab. Aber der charmante Lebemann erweist sich als guter Diplomat, der großen Anteil an der politischen Annäherung zwischen Großbritannien, Frankreich und Russland hat. Nur **Kaiser Wilhelm II.**, der Sohn seiner ältesten Schwester, will es dem Onkel zeigen und isoliert durch sein Säbelgerassel sein ganzes Land. Eduards Enkel **Eduard VII.** (1894–1972) muss dann 1936 – nach nicht einmal einem Jahr – seinen Thron aufgeben, weil er darauf besteht, die unstandesgemäße, geschiedene Amerikanerin Wallis Simpson zu heiraten. So wird überraschend sein jüngerer Bruder Albert unter dem Namen **Georg VI.** (1895–1952) neuer König. Dieser ist ein schüchterner, stotternder junger Mann, der sich wenig für den Thron zu eignen scheint. Aber

Königin Elisabeth, spätere Queen Mum, und Georg VI.

während des Zweiten Weltkriegs, als er und seine selbstbewusste Frau Elisabeth Bowes-Lyon (1900–2002), die spätere **Queen Mum,** trotz des deutschen Bombardements mit ihren beiden Töchtern in London ausharren, werden sie bei ihrem Volk ungeheuer populär. Als auch der Buckingham-Palast getroffen wird, sagt die Königin, sie sei froh darüber. Nun könne sie East End (dem am stärksten zerstörten Stadtteil) wieder ins Gesicht sehen.

Elisabeth II.

Elisabeth II.

Seit 1952 ist ihre Tochter Elisabeth II. (geb. 1926) Königin von England. Politisch hat sie fast keine Möglichkeit mehr, Einfluss zu nehmen, doch sie ist noch immer Staatsoberhaupt von Großbritannien, Nordirland und 15 weiteren Ländern, darunter Kanada und Australien – eine Aufgabe, die sie mit großem Pflichtbewusstsein absolviert. Ihre vier Kinder, von denen drei geschieden sind, erregen jedoch immer wieder die Aufmerksamkeit der internationalen Klatschpresse. Vor allem die Trau-

ung von Thronfolger **Charles** (geb. 1948) mit der britischen Adligen Lady **Diana Spencer** (1961–97) wird als Märchenhochzeit inszeniert und steht danach ständig unter Beobachtung der Medien, bis es 1996 zu einer spektakulären Scheidung kommt. Als Diana bei einem Autounfall umkommt und ganz England der „Königin der Herzen" nachtrauert, löst die Königin große öffentliche Empörung aus, da sie sich zu-

Prinz Charles (Mitte) mit seinen Söhnen Prinz William (links) und Prinz Harry

nächst nicht zum Tod ihrer Ex-schwiegertochter äußert. Inzwischen stehen alle Jugendsünden von Dianas Söhnen **William** (geb. 1982) und **Harry** (geb. 1984) sowie die zweite Ehe ihres Vaters mit seiner Jugendliebe **Camilla Parker-Bowles** (geb. 1947) im Fokus der Öffentlichkeit.

 Die Battenbergs

Die Queen ist mit **Philipp Mountbatten** (geb. 1921) verheiratet, einem Enkel des griechischen Königs Georg I. Seine Mutter war die deutsche Adelige **Alice von Battenberg** (1885–1969). Die Battenbergs sind eine Seitenlinie des Hauses Hessen-Darmstadt, die durch die unstandesgemäße Heirat eines hessischen Prinzen mit einer Soldatentochter zustande kam. Ihre englischen Nachkommen nannten sich ab 1917 Mountbatten. Die von Geburt an taube Prinzessin Alice (1885–1969), die dennoch vier Sprachen lernte, wurde in **Yad Vashem** als „Gerechte unter den Völkern" geehrt, weil sie während des Zweiten Weltkrieges einer jüdischen Familie das Leben rettete. Ein anderes Mitglied des Hochadels, das sich diese Ehre erwarb, war die belgische Königin **Elisabeth Gabriele** (1876–1965), Frau von Albert I. und gebürtige Herzogin in Bayern.

Die Könige von Schottland

In Schottland gibt es im frühen Mittelalter vier Königreiche: das Reich der **Pikten**, **Dalriada**, das von irischen Einwanderern (Scoten genannt) gegründet wurde, **Bernicia**, das Reich der aus Norddeutschland stammenden Angeln, und **Strathclyde**, das von romanisierten Kelten aus England beherrscht wurde. Im Jahr 843 übernimmt **Kenneth MacAlpin** (um 810–858), der König von Dalriada, auch das Piktenreich, auf das er wohl über seine Mutter Ansprüche hat, und schafft ein neues Großreich namens Alba. Er gilt damit als der erste schottische König, obwohl er nicht das ganze heutige Schottland beherrscht.

Das Haus MacAlpin

Die Nachkommen von Kenneth I. können sich in der Folge als Könige von Alba behaupten und dazu auch die Kontrolle über Strathclyde übernehmen, obwohl es keine feste Erbfolge gibt. Stattdessen wird dasselbe Prinzip angewandt, wie auch bei der Wahl eines neuen Clanführers: Der ganze Clan wählt den fähigsten Mann aus den eigenen Reihen zum neuen Sippenoberhaupt. Im Fall der Mac-Alpins ist das gleichbedeutend mit der schottischen Königswahl. Allerdings sterben die meisten Könige entweder in Familienkämpfen oder im Krieg gegen Invasoren wie Wikinger und Iren.

Konflikt mit England

Im 11. Jahrhundert versucht König **Malcolm III.** (um 1030–93), die Thronstreitigkeiten in England zu nutzen, und fällt mehrmals in das Nachbarland ein, ohne die nördlichen Provinzen jedoch erobern zu können. Nach seinem Tod kommt es zum Erbstreit zwischen seinem Sohn aus erster Ehe und denen aus zweiter Ehe mit der angelsächsischen Prinzessin Margarete. Margaretes Söhne suchen ein Bündnis mit den neuen normannischen Königen Englands. Dadurch kommt es zu einem starken englischen Einfluss in Schottland, gegen den sich viele Adlige zur Wehr setzen. 1286 stirbt das schottische Herrscherhaus in männlicher Linie aus. Zuerst einigt man sich auf eine Enkelin des letzten Königs, die siebenjährige norwegische Prinzessin Margarete. Als sie während der Überfahrt stirbt, melden 13 Adlige, unter deren Vorfahren sich schottische Könige befinden, ihre Anwartschaft auf den Thron an. Der englische König **Eduard I.** wird um Vermittlung gebeten und entscheidet sich für einen gewissen **John Balliol** (um 1240–1313). Anschließend fordert Eduard jedoch die militärische Unterstützung Schottlands gegen Frankreich, obwohl Schottland und Frankreich seit Langem verbündet sind. Balliol weigert sich und wird von Eduard eingekerkert. Die Schotten beginnen einen Kampf um ihre Unabhängigkeit und machen 1306 einen anderen der Anwärter, **Robert Bruce** (1274–1329), zu ihrem neuen König. Zu diesem Zeitpunkt ist Schottland allerdings fast vollständig in der Hand der Engländer. König Robert ist ständig auf der Flucht und kann erst allmählich eine schottische Allianz schmieden. 1314 erringt er schließlich den entscheidenden Sieg über die Truppen des schwachen englischen Königs **Eduard II.** Roberts Sohn, **David II.** (1324–71), wird allerdings wiederum vom nächsten englischen König Eduard III. besiegt, elf Jahre lang gefangen genommen und nur gegen Zahlung eines hohen Lösegelds freigelassen.

Die Stuarts

Als König **David II.** kinderlos stirbt, wird der Sohn seiner Schwester, **Robert II. Stewart** (1316–90), neuer König und begründet damit das Haus der Stuarts (ursprünglich: Stewart). Unter seinen Nachkommen kommt es immer wieder zu Konflikten mit England, das allerdings auch mit eigenen Problemen wie den Rosenkriegen beschäftigt ist. Heinrich VIII. von England bietet den Schotten dann ein Bündnis an, doch **Jakob V.** (1512–42) entscheidet sich für eine katholische Allianz mit Frankreich und dem Papst und stirbt nach einer vernichtenden Niederlage gegen England. Zu diesem Zeitpunkt ist seine Tochter und Erbin **Maria** (1542–87) erst sechs Tage alt. Als Maria erwachsen ist, entscheidet sich die französische Königinwitwe Katharina von Medici für eine Aussöhnung mit England und damit gegen eine weitere Allianz mit Schottland. Außerdem kommt es in Schottland selbst zu heftigen Spannungen zwischen Katholiken

und Protestanten. Maria wird mit alledem nicht fertig und macht persönliche Fehler: Erst verliebt sie sich in einen charakterschwachen Cousin, **Henry Stewart, Lord Darnley**, der schließlich sogar gegen sie intrigiert. Dann wird dieser umgebracht und Maria heiratet wenig später seinen mutmaßlichen Mörder. Damit wird ihre Position in Schottland unhaltbar. Sie muss zugunsten ihres einjährigen Sohnes **Jakob VI.** (1566–1625) abdanken. Jakob wird protestantisch erzogen und beerbt später seine Tante Elisabeth I. von England.

❗ Maria Stuart

Maria Stuart konnte 1568 aus ihrem schottischen Gefängnis fliehen und suchte bei ihrer Cousine Elisabeth in England Schutz. Diese ließ sie jedoch einkerkern und nach 19 Jahren hinrichten. Der Grund für diese grausame Tat: Maria war Enkelin einer Tudor und galt damit der katholischen Partei als legitime Thronerbin Englands.

Maria Stuart

Russland

Das russische Reich lag lange Zeit am Rande der europäischen Wahrnehmung, und auch als Peter der Große es im 17. Jahrhundert mit einem Paukenschlag zur Weltmacht machte, wurde das Zarenhaus von den europäischen Monarchen weiterhin als fremd empfunden. Zwar faszinierte der Reichtum der Zaren und wegen der politischen Bedeutung Russlands bemühte man sich eifrig um Heiratsallianzen. Je mehr aber der Absolutismus in Westeuropa abnahm, desto größer wurden die Vorbehalte gegen den rückständigen Zarismus. Gerade die letzten und unfähigsten Zaren hielten besonders eisern an ihrem „Gottesgnadentum" fest.

Peter der Große

Die Rurikiden

Vermutlich lebt **Rurik**, der Stammvater des ersten Zarengeschlechtes, von 830 bis 879 und ist ein schwedischer Wikinger. Doch es gibt nur eine einzige Chronik, die ihn erwähnt. Sicher ist, dass Wikinger ab dem 8. Jahrhundert im Gebiet von Nowgorod siedeln und im 9. Jahrhundert beginnen, das Reich der Rus zu gründen.
Als eigentlicher Reichsgründer gilt Ruriks Verwandter **Oleg**, der um 882 den Regierungssitz nach Kiew verlegt. Seine Nachkommen erobern rund um Minsk, Kiew

? Schon gewusst?

Der Name **Rus** kommt vermutlich von einem skandinavischen Wort für Rudermannschaft. Das deutet darauf hin, dass sich die Adelsschicht der Rus aus den Besatzungen der Wikingerboote bildete.

und Moskau ein großes Reich, das zur Keimzelle der Staaten Weißrussland, Ukraine und Russland wird. Dabei bekämpfen sie im Osten und Süden asiatische Nomadenvölker wie die Chasaren, Petschenegen oder die Magyaren. Eine besondere Beziehung verbindet die Herrscher der Rus mit dem Byzantinischen Reich. Phasen des Krieges wechseln sich mit Bündnissen ab. Im Jahr 955 lässt sich Großfürstin **Olga** (881–969), die Schwiegertochter Ruriks, in Konstantinopel griechisch-orthodox taufen. Sie wird deswegen später heiliggesprochen, auch wenn die Chroniken berichten, dass sie bestialische Rache am feindlichen Slawenstamm der Drewljanen nahm, die ihren Mann töteten, etwa indem sie eine Delegation bei lebendigem Leibe im Badehaus verbrannte.

Olgas Rache

Wirklich christlich wird das Reich aber erst unter Olgas Enkel **Wladimir dem Heiligen** (960–1015). Der lässt sich taufen, um ein Bündnis mit Byzanz zu erreichen (und bekommt dafür als erster ausländischer Herrscher eine purpurgeborene Prinzessin zur Frau), überzieht sein Reich dann aber mit Kirchen und Klöstern,

Von Olgas Sohn Großfürst **Swjatoslaw I.** (um 942–972) existierte eine historische Beschreibung. Demnach war er durchschnittlich gebaut, blond, blauäugig, hatte einen Schnurrbart und trug den Schädel bis auf zwei Locken kahl geschoren. Dazu schmückte er sich mit einem goldenen Ohrring mit einem Rubin und zwei Perlen. Er war immer zu Pferd unterwegs, ernährte sich von rohem Fleisch, das er unter dem Sattel weich geritten hatte, und schlief nachts auf seiner Satteldecke unter freiem Himmel. Er führte ein sehr kriegerisches Leben und fiel im Kampf gegen die Petschenegen. Deren Khan soll aus seinem Schädel ein Trinkgefäß gemacht haben.

was zur Stabilisierung seiner Herrschaft beiträgt. Daneben betätigt er sich auch als erfolgreicher Eroberer. In der Folge kommt es zu vielen Thronkämpfen innerhalb der Sippe der Rurikiden. Im 12. Jahrhundert splittert das Reich immer mehr auf und im 13. Jahrhundert müssen sich die Russen gegen die **Mongolen** zur Wehr setzen. 1240 erobert die Goldene Horde unter Batu Khan (1205–55) mit Nowgorod die letzte russische Stadt. Bei der Durchsetzung ihrer Herrschaft setzen sie den Rurikiden **Alexander Newski** (1220–63) ein, der zuvor mit spektakulären Siegen gegen die Schweden und den Deutschen Orden zum russischen Nationalhelden (und Heiligen der orthodoxen Kirche) geworden ist. Er setzt sich mit mongolischer Hilfe gegen seine Verwandten durch und bricht daraufhin den russischen Widerstand gegen die mongolische Oberherrschaft.

Iwan der Schreckliche

Iwan der Schreckliche

Später erringen die Moskauer Rurikiden durch eine Kooperation mit den Mongolen eine Vormachtstellung unter den russischen Fürsten. Großfürst **Iwan III.** (1440–1505) beginnt schließlich damit, auch die schwächer werdenden Mongolen zu bekämpfen. Als erster russischer Herrscher nennt er sich **Zar**. Sein Enkel **Iwan der Schreckliche** (1530–84) kann eine absolutistische Regierung im Inneren und eine Ausweitung der Macht im Äußeren durchsetzen. Dabei bedient er sich eines gefürchteten Geheim-

dienstes, der Opritschniki. Iwan, dessen Beinamen im Russischen nur „der Strenge" lautet, soll eine Vorliebe für besonders sadistische Hinrichtungsarten gehabt, mindestens eine seiner Frauen und einen Sohn persönlich getötet und mit zunehmendem Alter unter manisch-depressiven Anfällen gelitten haben.

Der falsche Dimitri

Trotz seiner acht Frauen hinterlässt Iwan nur zwei Söhne. Fjodor ist schwachsinnig und Dimitri erst zwei Jahre alt – und stammt noch dazu aus der siebten Ehe seines Vaters, obwohl die orthodoxe Kirche nur drei erlaubt, was Dimitri quasi zum Bastard macht. Für Fjodor regiert der mächtige Adlige **Boris Gudunow** (1552–1605).

Boris Gudunow

Nach Fjodors Tod im Jahr 1598 lässt Boris Dimitri ins Kloster stecken und sich von der russischen Ständeversammlung zum neuen Zaren wählen. Drei Jahre später stirbt Dimitri im Kloster. Angeblich soll er sich während eines epileptischen Anfalls selbst mit einem Messer in die Kehle geschnitten haben. Gudunows Feinde behaupten jedoch, er habe Dimitri umgebracht. Andere glauben, dass Dimitri noch lebt. Nach Boris Gudunows Tod taucht ein angeblicher Dimitri auf, kann sich mithilfe der Polen und des einfachen Volkes durchsetzen, bringt Gudunows Sohn Fjodor II. um und macht sich dann selbst zum Zaren. Obwohl er positive Reformen durchführt, wird er schon ein Jahr später mit vielen seiner polnischen Anhänger von russischen Adligen ermordet. Der Anführer der Mörder macht sich als Wassili IV. (1552–1611) mit Unterstützung der Schweden zum neuen Zaren, wird aber 1610 von den Polen gestürzt. Anschließend streiten sich der polnische König Sigismund III. und sein Sohn Wladislaw um die Zarenwürde. Nach zwei Jahren kommt es zum Volksaufstand in Russland. Die polnischen Besatzer werden verjagt und **Michael Romanow** (1596–1645) von der Ständeversammlung zum neuen Zaren gewählt.

Die Romanows

Die Adelssippe der Romanows hat sich während der vergangenen Thronwirren in Position bringen können. Michaels Vater **Philaret**

(um 1553–1633), ein Cousin des geistesschwachen Fjodor I., hat während dessen Zarenzeit zu den Regenten gehört, ist dann aber von seinem siegreichen Rivalen Boris Gudunow gezwungen worden, Mönch zu werden. Später gehört er zu den Unterstützern des Pseudo-Dimitri und ist am Sturz Wassilis IV. beteiligt. Als sein Sohn Zar wird, lenkt er die Politik. Mit der Zeit können die Romanows ihre Herrschaft nach innen und außen stabilisieren. Der Preis dafür ist allerdings, dass sie dem russischen Adel eine sehr harte Leibeigenschaft über die Bauern gestatten.

Peter der Große

1682 kommt es zur Krise. Nach dem Tod ihres älteren Bruders Fjodor III. stehen noch zwei Enkel Michaels I. als Thronfolger zur Verfügung: der 15-jährige, geistig behinderte Iwan (1666–96) und der neunjährige Peter (1672–1725). Die Clans ihrer verschiedenen Mütter führen einen erbitterten Kampf, der schließlich mit einem Kompromiss endet: Beide Jungen werden Zaren, die Regentschaft aber führt ihre ältere Schwester **Sofia** (1657–1704). Diese agiert zuerst sehr erfolgreich, doch nach gescheiterten Feldzügen gegen die Krimtataren gelingt es Peter, seine Halbschwester 1689 zu stürzen. Als Peter der Große (der auch körperlich über

Peter der Große

zwei Meter maß) wird er der bedeutendste Zar Russlands, der sein Land innerlich reformiert und kulturell an Europa heranführt, es aber auch auf politischem Gebiet zur europäischen Großmacht macht. Von seiner ersten Frau trennt sich Peter, weil diese mit den alten Kräften sympathisiert. Auch Thronfolger **Alexej** wird zum Werkzeug der reaktionären Partei. 1718 wird er einer Verschwörung gegen seinen Vater beschuldigt und zum Tode verurteilt. Er stirbt noch im Gefängnis, vermutlich an den Folgen der Folter.

Zarin Elisabeth

Nach Peters Tod regieren zunächst seine zweite Ehefrau Martha, eine lettische Bauerntochter, als **Katharina I.** (1683–1727), dann Alexejs Sohn **Peter II.** (1715–30), **Anna** (1693–1740), die Tochter von Peters Halbbruder Iwan V., und der Enkel von Annas Schwester **Iwan VI.** (1740–64), ein gebürtiger Prinz von Braunschweig-Wolfenbüttel. Der Grund für diese kurios anmutende Erbfolge: Jeder Zar darf seinen Nach-

folger selbst bestimmen. Iwan VI. ist bei seiner Thronbesteigung kaum über einen Monat alt und die Unzufriedenheit mit seinen Regenten ist so groß, dass nach gut einem Jahr **Elisabeth** (1709–61), die Tochter Peters des Großen, ohne Blutvergießen die Macht übernehmen und sich – als erste russische Monarchin – selbst krönen kann. Anfangs ist die Kaiserin sehr volkstümlich und beliebt, später ist sie jedoch häufig krank, wird misstrauisch, agiert in Religionsfragen sehr intolerant und hinterlässt den Staat außenpolitisch stark, aber hoch verschuldet ihrem Neffen Peter von Schleswig-Holstein-Gottrop, der als **Peter III.** (1728–62) den Thron besteigt.

Katharina die Große

Peters III. bekannteste Tat ist, dass er im **Siebenjährigen Krieg** aus der Koalition gegen den glühend verehrten Preußenkönig Friedrich den Großen ausscheidet und diesem so vermutlich eine herbe Niederlage erspart. Weniger bekannt ist, dass er auch Reformen im Sinne eines aufgeklärten Absolutismus durchführt. Persönlich ist er jedoch eine äußerst problematische Persönlichkeit, der u. a. seine Frau **Sophie von Anhalt-Zerbst** (1729–96) quält. Trotzdem ist nicht sicher, ob sie an seiner Ermordung beteiligt ist oder sich nur hinterher von den Ver-

Katharina die Große

schwörern auf den Thron heben lässt. Als Katharina II. betreibt sie eine äußerst erfolgreiche Großmachtpolitik. Berüchtigt ist sie auch für ihre vielen Liebhaber, die jedoch nie politischen Einfluss über sie bekommen. Innenpolitisch agiert Katharina uneinheitlich. In religiösen Fragen z. B. sorgt sie für mehr Toleranz, während sich das überaus harte Los der russischen Leibeigenen unter ihrer Ägide nicht verbessert.

Der Niedergang

Katharinas Sohn **Paul I.** (1754–1801) ist sein Leben lang mit dem Verdacht konfrontiert, nicht der Sohn von Peter III., sondern des damaligen Geliebten seiner Mutter, Graf Saltykow, zu sein (obwohl auf Porträts von Peter und Paul durchaus eine Ähnlichkeit festzustellen ist). Deswegen verabscheut er seine Mutter und macht alles bewusst anders als sie. Innenpolitisch ist er in manchen Dingen sogar liberaler. Doch er zieht sich den Hass mächtiger Adelskreise zu und wird schließlich ermordet. Sein Sohn **Alexander I.** (1777–1825) beginnt als recht liberaler Herrscher, der um den Frieden in Europa bemüht ist, sich aber ab 1812 konsequent Napoleons Eroberungsdrang in den Weg stellt. Später wird er jedoch ein misstrauischer und ziemlich despotischer Herrscher. Sein Bruder **Nikolaus I.** (1796–1855) ist dies von Anfang an und das Zarenreich wird zum Inbegriff von Rückständigkeit und Tyrannei in Europa. Nach dem verlorenen Krimkrieg 1856 beginnt sein Sohn **Alexander II.** (1818–81) mit Reformen und hebt u. a. die Leibeigenschaft auf. Doch er stößt auf heftige Widerstände, kann sich nicht durchsetzen und wird schließlich durch ein Sprengstoff-

Nikolaus II. mit Familie

73

Alexej, der einzige Sohn von Nikolaus II., litt unter der Bluterkrankheit. Die Ärzte gaben ihn oftmals auf, doch nach Geboten des obskuren Mönchs **Grigori Rasputin** (1869–1916) kamen die lebensgefährlichen Blutungen immer wieder zum Stillstand. Die Zarin Alix von Hessen betrachtete Rasputin deshalb als Heiligen. Die meisten anderen Zeitgenossen verabscheuten ihn wegen seiner groben, dreisten Manieren, seiner düsteren Erscheinung, seiner Alkoholsucht und Sex-Exzesse. Man warf ihm auch vor, politisch Einfluss auf die Zarenfamilie zu nehmen, was deren ohnehin schon miserables Image noch weiter verschlechterte. Vermutlich waren die Vorwürfe aber unberechtigt. Rasputins eindringliche Appelle, nicht in den Ersten Weltkrieg einzutreten, blieben jedenfalls ungehört. Trotzdem wurde er von Verwandten des Zaren umgebracht.

attentat ermordet. Sein Sohn **Alexander III.** (1845–94) macht einen großen Teil der Reformen wieder rückgängig und dessen Sohn **Nikolaus II.** (1868–1918), der vom eigenen Vater als „Dummkopf" gebrandmarkt wird, ist in keiner Weise den Problemen gewachsen, mit denen er konfrontiert wird. Einerseits missachtet er oft die Verfassung, lässt sich andererseits aber zu Zugeständnissen zwingen, ist teils zögerlich, teils selbstherrlich und brutal. 1905 verliert er den Krieg gegen Japan und gegen die zahlreichen Hungersnöte, von denen das russische Volk heimgesucht wird, unternimmt er nichts. So wird er 1917 durch die Februarrevolution gestürzt und ein Jahr später mit seiner ganzen Familie von den Bolschewiken erschossen.

! Mythos Anastasia

Nach dem Mord an der Zarenfamilie tauchten immer wieder Frauen auf, die behaupteten, die jüngste Zarentochter Anastasia zu sein. Die bekannteste war die Polin Anna Czenstkowska, alias Anna Anderson. Tatsächlich fehlten im Grab der Romanows die Gebeine des Zarewitsch Alexej und einer seiner Schwestern. 2007 wurden sie jedoch gefunden und mittels DNS-Vergleich zweifelsfrei identifiziert. Dabei hat man herausgefunden, dass die fehlende Zarentochter gar nicht Anastasia, sondern ihre ältere Schwester Maria gewesen war. Übrigens: In der orthodoxen Kirche gilt die Zarenfamilie als Märtyrer gegen den Bolschewismus und wurde heiliggesprochen.

Iberische Halbinsel

Während sich im frühen Mittelalter viele Königreiche Westeuropas bildeten, wurde die Iberische Halbinsel von den Mauren beherrscht. Erst im Zuge der Reconquista gewannen Spanien und Portugal allmählich an Bedeutung. In der frühen Neuzeit hatten sie als Seemächte und Entdeckernationen ihre große Zeit. Doch mangelnde Reformen ließen den Glanz wieder verblassen und schließlich stürzten Flügelkämpfe zwischen Konservativen und Liberalen beide Monarchien in eine heftige Krise.

Die Katholischen Könige

Die spanischen Königreiche des Mittelalters

Ein Großteil Spaniens gehört ab 418 zusammen mit Südfrankreich zum Reich der Westgoten. Eine Herrscherdynastie kann sich dort nicht für längere Zeit durchsetzen. Viele der westgotischen Könige werden von Rivalen ermordet und um ihre Nachfolge entspinnen sich dann blutige Kämpfe. 721 wird das Reich von den Mauren erobert. Die arabischen Herrscher sind zunächst nur Statthalter der Kalifen von Bagdad. Doch 756 wird die dortige Kalifendynastie der Umayyaden gestürzt und flieht nach Spanien, wo **Abd ar-Rahman I.** (731–788) das Emirat (später Kalifat) von Córdoba gründet, also ein eigenständiges muslimisches Reich in Europa.

Die Reconquista

Doch die Mauren beherrschen Spanien nie ganz. Bereits bevor das ganze Westgotenreich erobert ist, lässt sich ein gotischer Adliger namens **Pelayo** (gest. 737) in einer entlegenen Bergregion des muslimischen **Asturien** zum König wählen und beginnt den Widerstand. Seine Nachkommen erobern nach und nach den ganzen Nordwesten der Iberischen Halbinsel. In der zum Frankenreich gehörenden Pyrenäenregion dagegen macht sich 824 **Inigo Arista** (781–852), der Stiefsohn eines muslimischen Fürsten, mit muslimischer Hilfe unabhängig von den Karolingern. Er gründet das Königreich Pamplona (später **Navarra**). Im Laufe der nächsten Jahrhunderte wird das christlich beherrschte Gebiet auf der Iberischen Halbinsel immer größer. Es gibt aber auch Phasen des friedlichen Einvernehmens mit den Mauren und Auseinandersetzungen der Christen untereinander. Dabei kommt es zu mehreren Aufteilungen und Wiedervereinigungen der christlichen Königreiche Navarra, Leon (ehemals Asturien), Kastilien (erst Teil Leons, dann Navarras, dann selbstständig), Aragon (von Navarra abgespalten) und Portugal.

Hilfe aus Marokko

1037 wird **Ferdinand I.** von Kastilien (1018–65) von seinem Schwager, dem König von Leon, angegriffen. Er kann den Spieß umdrehen und seinerseits Leon erobern. Sein Sohn **Alfons VI.** (1040–1109) erobert dann 1085 auch noch das muslimische Unterkönigreich Toledo, was dazu führt, dass die muslimischen Fürsten die nordafrikanische Berberdynastie der **Almoraviden** zur Hilfe holen, die die Macht im Kalifat übernimmt. Im Gegensatz zu den Umayyaden sind die Almoraviden in religiösen Dingen nicht tolerant, was der Kooperation zwischen muslimischen und christlichen Herrschern ein Ende

bereitet und letztendlich die christliche Eroberung Spaniens beschleunigt. 1147 werden die Almoraviden dann von den ebenfalls aus Nordafrika stammenden und ebenfalls religiös intoleranten **Almohaden** gestürzt. Dies zieht zusätzlich innere Konflikte im Kalifat nach sich. **Ferdinand III.** von Kastilien (1199–1252) kann fast das gesamte ehemalige Kalifat erobern. Lediglich in **Granada** putscht Muhammad Ibn Nasr (um 1194–1273) gegen die Almohaden, verbündet sich mit Ferdinand und kann Granada darum als – wenn auch tributpflichtiges – Sultanat erhalten.

Die Vereinigung

1453 lässt **Heinrich IV.** von Kastilien (1425–74) seine bereits 13 Jahre dauernde Ehe vom Papst auflösen, da sie nie vollzogen wurde (die bedauernswerte Gattin Blanca von Navarra wird von einer Kommission untersucht). Als er danach noch einmal heiratet und seine zweite Frau sechs Jahre später eine Tochter gebiert, glaubt niemand an Heinrichs Vaterschaft. Nach seinem Tod unterstützt deshalb ein Großteil des Adels die Ansprüche von Heinrichs Halbschwester **Isabella** (1451–1504), die sich nach vierjährigem Krieg gegen die Partei ihrer (angeblichen) Nichte Johanna durchsetzen kann. Dies bedeutet eine entscheidende Weichenstellung für die Staatenbildung auf der Iberischen Halbinsel. Denn außer Kastilien, dem Sultanat Granada und dem winzigen Navarra gibt es nur noch zwei Reiche: Portugal und Aragon. Isabella ist mit **Ferdinand II.** (1452–1516) von Aragon verheiratet, Johanna aber mit dem König von Portugal. Hätte Johannas Partei sich durchgesetzt, wäre es zu einer Union von Kastilien und Portugal gekommen. So aber vereinen Ferdinand und Isabella Kastilien und Aragon zum spanischen Königreich.

Ferdinand II. und Isabella

Die „Katholischen Könige"

Ferdinand und Isabella erobern 1492 das Fürstentum Granada. Anschließend erlassen sie ein Edikt, das alle Juden zwingt, sich innerhalb von drei Monaten taufen zu lassen oder Spanien zu verlassen – ungeachtet dessen, dass sie Granada auch mit der Unterstützung jüdischer Finanziers erobert haben. 1502 werden auch die Muslime vertrieben. Beide Maßnahmen bedeuten einen großen kulturellen Aderlass für Spa-

nien. Der Papst aber verleiht den beiden den Ehrentitel „Katholische Könige". Sie errichten in Spanien ein straffes Regime mit einer effektiven Polizeibehörde und Justiz. Teil des Ganzen ist auch eine ebenso effektive Verfolgung religiöser Abweichler durch die Inquisition. Politisch und wirtschaftlich aber bricht durch die Vereinigung und die Entdeckung Amerikas eine Glanzzeit an.

 Schon gewusst?

Objektiv gesehen war die Entscheidung von Ferdinand und Isabella, 1492 **Christoph Kolumbus'** Expedition zu unterstützten, nicht gerade klug. Denn Kolumbus schätzte den Umfang der Erdkugel viel zu gering ein. Hätte sich zwischen Europa und Asien nur Wasser befunden, dann wäre ihm mitten auf dem Meer der Proviant ausgegangen. So aber entdeckte er Amerika für Spanien – und die Portugiesen, die besser gewusst hatten, wie weit der Weg westwärts bis Indien war, hatten das Nachsehen.

Kolumbus landet in Amerika

1496 verheiratet das spanische Königspaar seine Kinder Johann und Johanna mit den beiden Kindern Kaiser Maximilians. Außerdem heiratet die älteste Tochter Isabella König Manuel I. von Portugal und die jüngste, Katharina, Heinrich VIII. von England. Doch Johann stirbt schon 1497. Neue Erben sind nun seine Schwester Isabella und ihr Sohn Michael. Damit hätte es zu einer Vereinigung Spaniens und Portugals kommen können. Doch beide sterben innerhalb weniger Jahre, sodass die zweite Tochter **Johanna** (1479–1555) zur Erbin wird. Sie soll ein zartes, introvertiertes,

Johanna die Wahnsinnige

aber sehr intelligentes Mädchen gewesen sein, das jedoch nach ihrer Heirat mit **Philipp dem Schönen** (1478–1506) heftige Eifersuchtsgefühle entwickelt und nach seinem Tod dem Wahnsinn

verfällt. Die Regentschaft übernimmt ihr ehrgeiziger Vater Ferdinand, der zuvor versucht hatte, in einer zweiten Ehe noch einen männlichen Erben für Spanien zu produzieren, damit das Land nicht an die Habsburger fällt. Nach seinem Tod übernimmt jedoch nach kurzen Unruhen Johannas 16-jähriger Sohn Karl V. (1500–58) die Regentschaft für seine Mutter.

Die spanischen Habsburger

1556 teilt Kaiser Karl V. die Habsburger Besitzungen. Spanien fällt an seinen Sohn **Philipp II.** (1527–98). Er ist ein düsterer Charakter, der sich in den Bergen bei Madrid eine Klosterburg, den Escorial, erbauen lässt. Dort trägt er eine legendäre Bibliothek zusammen, führt ein überaus strenges Hofzeremoniell ein, das noch Jahrhunderte später berüchtigt ist, baut eine gut geordnete, aber schwerfällige Bürokratie auf, weil er sich um alle Dinge persönlich kümmern will, und ist ein fanatischer Katholik. Gegen die Türken kann er große Siege erringen, sein Invasionsversuch in England mit der Großen Armada scheitert, ebenso seine Einmischung in die französischen Religionskriege. In den Niederlanden provoziert seine absolutistische, rigoros katholische Politik den Kampf um die Unabhängigkeit. Außerdem rui-

In keinem Herrscherhaus wurden derart oft nahe Verwandte geheiratet wie bei den spanischen Habsburgern. Philipp II. heiratete in vierter Ehe Anna von Österreich, Tochter seiner Schwester und seines Cousins. Der Sohn aus dieser Ehe, Philipp III., heiratete Margarethe von Österreich, eine Nichte zweiten Grades seiner Mutter. Ihr Sohn Philipp IV. heiratete Maria Anna von Österreich, Tochter seiner Schwester und eines Cousins. Deren Sohn Karl II. mit dem Beinamen „der Verhexte" schließlich, der statt 32 nur noch zehn Ururgroßeltern hatte, litt zumindest an sehr schlechter Gesundheit, vielleicht auch an Geistesschwäche und Impotenz. Seine eine Schwester Margarete Theresia – bekannt durch mehrere Porträts von Diego Velazquez – heiratete ihren Onkel Leopold I. von Österreich, die andere, Maria Theresia, ihren Cousin Ludwig XIV. von Frankreich.

niert seine Außenpolitik die Staatsfinanzen. Unter Philipps Nachkommen zehren weitere Kriege, wie der Dreißigjährige, in dem sie ihren Habsburger Verwandten beistehen, das Land aus. Außerdem gehen die Niederlande verloren und der Konflikt mit Frankreich verschärft sich.

Der Spanische Erbfolgekrieg

Ende des 17. Jahrhunderts zeichnet sich das Aussterben der spanischen Habsburger ab. Potenzielle Erben sind die beiden mächtigsten Herrscher Europas: Ludwig XIV. von Frankreich und Kaiser Leopold I., da sie beide mit Schwestern **Karls II.** (1661–1700) verheiratet sind. Die europäischen Mächte fürchten sowohl einen Krieg als auch einen Machtzuwachs eines der beiden Staaten und schlagen unter Führung Englands einen Kompromiss vor: Spanien fällt an Karls Großneffen Joseph Ferdinand von Bayern, aber Österreich und Frankreich erhalten Teile des spanischen Besitzes in Belgien und Italien. Der kleine Joseph stirbt jedoch 1699 im Alter von sechs Jahren und bis zu Karls Tod wird keine neue Einigung gefunden. Es bricht der Spanische Erbfolgekrieg aus, der zwölf Jahre dauert und ganz Europa erfasst. Am Ende wird der französische Prinz Philipp, ein Enkel Ludwigs XIV., neuer spanischer König. Das Haus Habsburg erhält als Entschädigung die spanischen Niederlande und alle spanischen Territorien in Italien.

Die spanischen Bourbonen

Philipp V. (1683–1746) und seine Nachkommen erobern den

Philipp V.

spanischen Besitz in Italien teilweise wieder zurück. Sein Enkel **Karl IV.** (1748–1819) überlässt die Regierung völlig seiner Frau und Cousine Maria Luise von Bourbon-Parma (1751–1819) und deren Liebhaber, dem Offizier Manuel de Godoy. Sein Sohn Ferdinand sucht deshalb 1807 Napoleons Unterstützung. Der erobert zwar Spanien, macht jedoch seinen Bruder Joseph zum neuen König. Erst nach Napoleons Sturz kann **Ferdinand VII.** (1784–1833) den Thron besteigen und regiert dann so despotisch und reaktionär, dass es zu Aufständen kommt. Als Erbin setzt er seine Tochter **Isabella II.** (1830–1904) ein. Nach seinem Tod kommt es zum Bürgerkrieg. Die liberalen Kräfte unterstützen Isabella, die Konservativen, der Klerus und Provinzen, die um ihre Autonomie fürchten, seinen Bruder Carlos (1788–1855). Isabella kann sich anfangs durchsetzen, enttäuscht letztendlich aber die Erwartungen der Liberalen und wird 1868 vertrieben. Die Ständeversammlung (Cortes) wählt Amadeus V. von Savoyen zum Kö-

nig. Der dankt angesichts des anhaltenden Bürgerkriegs schon nach drei Jahren wieder ab. Daraufhin wird die Republik proklamiert, was jedoch auch nicht zu einer Befriedung der Zustände führt. 1874 kann deshalb **Alfons XII.** (1857–85), Isabellas Sohn aus ihrer Ehe mit einem Cousin aus einer Bourbonen-Nebenlinie, die Monarchie wieder herstellen und 1876 endlich auch den Bürgerkrieg beenden. Eine wirkliche gesellschaftliche Aussöhnung gibt es jedoch nicht und **Alfons XIII.** (1886–1941) lässt ab 1927 eine Militärdiktatur der Generäle zu.

Der Spanische Bürgerkrieg

1931 siegen bei Wahlen die Republikaner. Während König Alfons ins Exil geht, beginnt das Militär 1936 unter Leitung von **Francisco Franco** (1892–1975) den Bürgerkrieg gegen die Republik, der letztendlich in einer Diktatur Francos mündet. 1969 setzt der Diktator dann Alfons Enkel Juan Carlos (geb. 1938) als seinen Nachfolger ein. Der leitet nach seinem Regierungsantritt eine Demokratisierung ein. Als 1981 spanische Offiziere versuchen zu putschen, verbietet er in einer Fernsehansprache in seiner Rolle als Oberbefehlshaber der Streitkräfte den Soldaten die Teilnahme und spricht sich für die Demokratie aus. Wenige Stunden später geben die Putschisten auf. **Juan Carlos I.** ist damit unter den gegenwärtig regierenden Königen Europas der Einzige, der in entscheidender Weise auf die Politik seines Landes Einfluss genommen hat.

Juan Carlos I. mit seiner Frau Sophia

Mit seiner Frau **Sophia**, einer Schwester des letzten Königs von Griechenland, hat er drei Kinder. Kronprinz **Felipe** (geb. 1968) ist seit 2004 mit der spanischen Journalistin Letizia Ortiz (geb. 1972) verheiratet.

Die portugiesischen Könige

Das heutige Portugal ist im frühen Mittelalter Teil des Königreiches Leon. Gegen Ende des 11. Jahrhunderts kommen mehrere französische Adlige, darunter **Hein-rich von Burgund** (1069–1112), aus einer Seitenlinie des französischen Königshauses, Alfons VI. von Kastilien und Leon gegen die Mauren zu Hilfe. Heinrich heiratet eine uneheliche Tochter von Alfons und wird von seinem Schwiegervater zum Grafen von Portugal gemacht. Sein Sohn **Alfons I.** (1109–85) nimmt den

❓ Schon gewusst?

Kronprinz Peter von Portugal (1320–67) verliebte sich in **Ines de Castro**, eine Hofdame seiner kastilischen Frau. Angeblich heiratete er sie nach dem frühen Tod seiner Gemahlin heimlich. Sein Vater König **Alfons IV.** (1291–1357) und der Kronrat fürchteten den Einfluss von Ines' ehrgeiziger Familie, sprachen Ines des Hochverrats schuldig, während Peter bei der Jagd war, und brachten sie um. Peter begann einen Bürgerkrieg, konnte ihn aber nicht gewinnen und versöhnte sich mit seinem Vater. Als er jedoch selbst König geworden war, übte er grausame Rache an den Mördern. Außerdem – so die Legende – ließ er Ines' Leichnam aus dem Grab holen. Sie wurde in Krönungsgewänder gekleidet, in der Kathedrale von Coimbra gekrönt und der ganze Hofstaat musste ihr als Zeichen der Huldigung die Hand küssen.

Mauren weitere Gebiete ab und erklärt sich 1139 zum König von Portugal, was sein Neffe Alfons VII. von Kastilien-Leon vier Jahre später anerkennt.

Das Haus Avis

1383 stirbt der letzte König aus dem Haus Burgund. Seine elfjährige, einzige Tochter ist mit dem König Kastiliens verheiratet. Es droht eine Machtübernahme durch das Nachbarreich. In Portugal kommt es deshalb zum Aufstand, der besonders vom Kleinadel und dem einfachen Volk getragen wird. An seine Spitze stellt sich **Johann von Avis** (1357–1433), Zisterzienserabt und illegitimer Halbbruder des verstorbenen Königs. Mit englischer Hilfe kann er Kastilien schlagen, wird als Johann I. neuer König von Portugal und heiratet Philippa von Lancaster, eine Enkelin des englischen Königs Eduard III. Unter seinen Nachkommen wird Portugal zur Seemacht. Dafür ist besonders einer seiner jüngeren Söhne, Prinz **Heinrich der Seefah-**

Heinrich der Seefahrer

rer (1394–1460), verantwortlich, der trotz seines Namens nie selbst zur See fährt, sondern nur die Erforschung der afrikanischen Küste und der Hochseeschifffahrt allgemein sehr fördert.

Unter Johanns Urenkel **Manuel I.** (1469–1521) werden Brasilien und der Seeweg nach Indien entdeckt. Durch den Gewürzhandel wird Portugal zum reichsten Land Europas. 1580 stirbt das Haus Avis jedoch aus und diesmal kann Portugal sich einer Vereinnahmung durch Spanien nicht widersetzen.

Das Haus Braganza

Es kommt jedoch immer wieder zu Aufständen gegen Spanien. 1640 können sich die Portugiesen schließlich mit französischer Hilfe durchsetzen. Der mächtigste Adlige aus dem Haus **Braganza**, das sich auf einen unehelichen Sohn Johanns von Avis zurückführt, wird als **Johann IV.** (1604–56) neuer König. Allerdings sind die ostindischen Kolonien mittlerweile verloren gegangen. 1807 wird Portugal von Napoleon besetzt, weil es ihn nicht im Kampf gegen England unterstützt. Der spätere **Johann VI.** (1767–1856), damals noch Regent für seine geisteskrank gewordene Mutter, flieht nach Brasilien, während Portugal von den englischen Verbündeten unter dem Herzog von Wellington gegen die Franzosen verteidigt, verwüstet wird. Anschließend gibt es ein englisches Besatzungsregime, gegen das sich viel Widerstand regt. 1821 kommt Johann endlich zurück und nimmt die Fäden in Portugal wieder in die Hand. In Brasilien ruft sein ältester Sohn **Peter IV.** (1798–1834) unterdessen ein selbstständiges Kaiserreich aus und in Portugal zetteln seine spanische Frau und der zweite Sohn **Miguel** (1802–66) einen Umsturz an, um den Absolutismus wiederherzustellen. Johann wird zeitweise von seiner Familie gefangen gehalten und kann nur mit britischer Hilfe wieder das Heft in die Hand nehmen. Sein Nachfolger Peter IV. bleibt anfangs in Brasilien und überlässt die Regierung Portugals seiner konservativen Schwester Elisabeth. Als die Portugiesen einen König fordern, der auch im Land residiert, macht er seine siebenjährige Tochter **Maria da Gloria** (1819–53) zur neuen Herrscherin und wählt seinen Bruder Miguel als Regenten und künftigen Ehe-

mann seiner Nichte. Miguel putscht jedoch erneut und Pedro alias Peter IV. sieht sich gezwungen, Brasilien seinem Sohn **Pedro II.** zu überlassen (der es bis zur Einrichtung der Republik 1889 regiert) und in Portugal Krieg gegen seinen Bruder zu führen.

Das Haus Sachsen-Coburg und Gotha

Unter der Regierung seiner Tochter Maria toben dann heftige Flügelkämpfe zwischen konservativen und linksliberalen Kräften. Maria unterstützt die konservativen Kreise, oder wird vielmehr von diesen benutzt. Denn im Grunde ist sie eine unpolitische, gutmütige Frau, die mit ihrem Ehemann Ferdinand von Sachsen-Coburg und Gotha (1816–85) eine glückliche Ehe führt und elf Kinder zur Welt bringt. Unter ihren Nachkommen geht dann ein großer Teil des Kolonialreichs verloren und es kommt zu einer wirtschaftlichen Krise. Ihr Enkel Karl und sein ältester Sohn werden 1908 bei einem Attentat getötet. Karls jüngerer Sohn **Manuel II.** (1889–1932) bemüht sich um Deeskalation und Reformen, doch die antimonarchistische Stimmung ist inzwischen so stark, dass er 1910 zur Abdankung gezwungen wird. Er stirbt kinderlos im britischen Exil. Seitdem betrachten sich die Nachkommen des Putschisten Miguel als rechtmäßige Erben des portugiesischen Throns.

Maria II.

Italien

In der Antike war Italien Ausgangspunkt und Zentrum des riesigen römischen Imperiums. Doch in der Völkerwanderungszeit zersplitterte es und wurde zum Spielball der Mächte. Dabei nahmen Oberitalien, die Mitte und der Süden des Landes ihre jeweils eigene, sehr turbulente Entwicklung, bevor es im 19. Jahrhundert schließlich doch noch zur Einigung des Stiefels kam.

Victor Emanuel II.,
Denkmal in Perugia

Die Herrscher des Römischen Reiches

Viele Monarchien Europas beziehen sich in ihrem Selbstverständnis auf das Römische Kaiserreich, das es formal jedoch nie gab. Im Jahr 27 v. Chr. bekommt **Gaius Octavius** (63 v. Chr.–14 n. Chr.) vom römischen Senat so viele Vollmachten (und den Ehrentitel Augustus) übertragen, dass er Alleinherrscher wird. Offiziell aber wird die römische Republik nie abgeschafft. Der Grund: In seiner Frühgeschichte ist Rom von etruskischen Königen beherrscht

worden. Mit deren Vertreibung um das Jahr 500 v. Chr. beginnt die selbstständige Geschichte Roms und der Aufstieg zur Großmacht. Deshalb gilt die Republik als heilig. Schaut man nur auf die Tatsachen, dann wird Rom mit Augustus jedoch zur Monarchie. Anfangs wird das Herrscheramt innerhalb der Familie vererbt und bringt solch legendäre Ungeheuer wie **Caligula** (12–41) und **Nero** (37–68) hervor. Nach Neros Selbstmord werden die neuen Kaiser meist vom Heer oder der Prätorianergarde, der kaiserlichen Leibwache, eingesetzt und es bilden sich kaum noch Dynastien bzw. nur sehr kurz regierende wie die Flavier (69–96) oder die Dynastie Konstantins des Großen (306–363). Teilweise existiert auch der Brauch, den designierten Nachfolger rechtzeitig zu adoptieren.

Caesar

Das Ende des Weströmischen Reichs

In den Wirren der Völkerwanderungszeit wird 379 der Offizier **Theodosius** (347–395) neuer römischer Herrscher. Bei seinem Tod überlässt er seinem Sohn **Arkadius** (um 377–408) den Ostteil des Reiches und **Honorius** (384–423) den Westteil. Solche Teilungen hatte es auch in der Vergangenheit gegeben. Doch diese ist endgültig. Honorius erweist sich, auch als er erwachsen geworden ist, als völlig unfähig, den Herausforderungen seiner Zeit zu begegnen. Vor allem lässt er 408 seinen fähigen halbgermanischen Heermeister **Stilicho** ermorden, weil er ihm misstraut. Nachfolger wird **Valentinian III.** (419–455), der Sohn seiner Halbschwester **Galla Placidia** (um 390–450). Während seine Mutter sich als kluge Regentin erweist, lässt der erwachsen gewordene Valentinian mit **Aetius** (um 390–454), dem Sieger über die Hunnen, ebenfalls seinen besten Heermeister töten, weil er dessen Ehrgeiz fürchtet. Nur ein Jahr später wird er selbst von Anhängern des Aetius umgebracht. Der Offizier Petronius Maximus versucht Valentinians Witwe Licinia Eudoxia, eine Enkelin des oströmischen Kaisers Arkadius, zur Ehe zu zwingen. Kurz darauf überfallen die **Vandalen**, möglicherweise von Eudoxia zu Hilfe gerufen, Rom und plündern es gründlich. Petronius Maximus wird auf der Flucht von seinen Hilfstruppen zu Tode gesteinigt. Danach übernehmen wieder diverse Offiziere das Kaiseramt. 475 lässt der mächtige Heermeister Orestes seinen etwa 15-jährigen Sohn Romulus, der später den Spottnamen Augustulus (Kaiserchen) erhält, zum neuen Herrscher machen. Der wird 476 von dem germanischstämmigen Offizier **Odoaker** abgesetzt und auf ein Landgut bei Neapel verbannt.

faktisch unabhängig. Für Italien gilt seine Herrschaft als Blütezeit. Zu seinem Nachfolger macht er seinen zehnjährigen Enkel Theoderich und zur Regentin seine Tochter **Amalasuntha** (gest. 535) was bei vielen Goten auf Widerstand stößt, zumal Amalasuntha sich in vielen Dingen an der römischen, nicht der gotischen Tradition orientiert. Als ihr Sohn mit 18 Jahren stirbt, macht Amalasuntha ihren Cousin **Theodahad** (um 507–536) zum Mitkönig. Ein

Die Vandalen in Rom

Das Ostgotenreich

Odoaker bezeichnet sich nun als König von Italien, was der oströmische Kaiser **Zenon** (reg. 474–491), der sich als legitimer Nachfolger der weströmischen Kaiser sieht, nicht zu akzeptieren gedenkt. Er schickt seinen ostgotischen Heermeister **Theoderich** (um 454–526) nach Italien, der Odoaker besiegt, ihn eigenhändig umbringt und von Ravenna aus die größten Teile Italiens und die dalmatinische Küste regiert, nominell als Zenons Stellvertreter, aber

Jahr später lässt Theodahad sie im Bad ermorden. Für den oströmischen Kaiser **Justinian I.** (um 482–565) ist dies ein willkommener Anlass, das Gotenreich zu zerstören, was ihm im „Kampf um Rom" 555 auch gelingt.

Amalasuntha

Die italienischen Könige des Mittelalters

Der oströmische Einfluss über Italien schwindet jedoch im nördlichen Teil bald wieder. 568 gründen die germanischen Langobarden dort ein Reich, das 774 von den Karolingern übernommen wird, die sich damit zu den Königen (Ober-)Italiens machen. Daneben existieren die Anfänge des Papststaates in Mittelitalien, die Reste der byzantinischen Herrschaft in Süditalien, die Seerepublik Venedig und einige kleinere Fürstentümer.

Der Kampf um die Krone

887 wird der Karolinger Karl der Dicke im Ostfrankenreich abgesetzt. Das führt dazu, dass Bischof Anselm von Mailand auch einen neuen italienischen König ernennt, nämlich **Berengar I.** (um 840–924), Markgraf von Friaul aus dem fränkischen Adelsgeschlecht der Unruochinger. Doch es gibt viele Konkurrenten. Zunächst wird Berengar vom Herzog **Guido von Spoleto** (gest. 894) besiegt, der nun sich und seinen Sohn Lambert nicht nur zum König Italiens, sondern auch zum Kaiser krönen lässt. Er wird vom ostfränkischen König Arnulf von Kärnten, einem Karolinger, besiegt. Nach dessen Tod im Jahr 899 rufen italienische Adlige

Ludwig von Niederburgund (um 880–928) zu Hilfe gegen Berengar und Einfälle der Ungarn. 905 siegt jedoch Berengar über Ludwig, lässt ihn blenden und sich selbst zum Kaiser krönen. 919 suchen wieder italienische Bischöfe und Adlige Hilfe im Ausland und finden sie diesmal bei dem Welfen **Rudolf II. von Hochburgund** (um 880–937). 924 ruft eine andere Gruppe **Hugo von Arles und Niederburgund** (gest. 947) nach Italien. Hugo holt zudem arabische Verbündete dazu, Berengar ungarische. Wenig später wird Berengar ermordet und Hugo und Rudolf schließen 926 einen Vergleich. Hugo erhält Italien, Rudolf Niederburgund. Außerdem heiratet Hugos Sohn Lothar Rudolfs Tochter Adelheid. 945 allerdings vertreibt der Markgraf **Berengar von Ivrea** (um 900–960), mütterlicherseits ein Enkel Berengars I., Hugo und Lothar aus Italien. Als Lothar 950 stirbt, wählen einige oberitalienische Adlige Berengar und seinen Sohn Adelbert zu neuen Königen. Berengar II. versucht zudem, seinen Sohn mit Lothars Witwe Adelheid zu verheiraten. Als sie sich weigert, sperrt er sie im Schloss Garda ein. Adelheid kann jedoch entkommen und flüchtet zu **Kaiser Otto I.**, der sie selbst zur Frau nimmt, Berengar besiegt und sich zum König Italiens krönen lässt. In der Folge beanspruchen die deutschen Könige nicht nur den Kaisertitel, sondern auch die Königswürde über Italien für sich. Doch sie können dies nur schwer durchsetzen. Die oberitalienischen Stadtstaaten werden immer mächtiger und sind faktisch meist unabhängig, bis im 18. Jahrhundert die Habsburger den Norden Italiens unter ihre Kontrolle bringen.

! Von Italien über Frankreich nach Spanien

Berengars Sohn Adelbert tröstet sich später mit einer französischen Grafentochter, die nach seinem Tod Heinrich von Burgund, einen Bruder Hugo Capets, heiratet. Der adoptiert Adelberts Sohn Ott-Wilhelm, macht ihn zu seinem Erben und gründet so das Haus Burgund-Ivrea. Raimond, einer von Ott-Wilhelms jüngeren Söhnen, heiratet 1087 Urraca, die Erbtochter von König Alfons VI. von Kastilien und Leon, und wird damit sowohl zum Stammvater von Isabella II. von Kastilien als auch ihres Mannes Ferdinand II. von Aragon.

Die Könige von Neapel und Sizilien

In der Antike sind Sizilien und Unteritalien griechisch besiedelt und gehören bis zum 9. Jahrhundert zum Oströmischen Reich. Danach werden sie von den Arabern erobert, die wiederum im 11. Jahrhundert von der normannischen Abenteurerfamilie de Hauteville entmachtet werden. **Roger I.** (1031–1101) wird Graf von Sizilien, sein Bruder Robert Guiskard (um 1015–85) Herzog von Apulien. Dabei hilft ihnen ein Bündnis mit Papst Gregor VII. (um 1020–85), der ihre militärische Hilfe gegen den deutschen Kaiser Heinrich IV. braucht. (Allerdings hausen die Normannen 1084 derart bestialisch in Rom, dass der Papst vor den empörten Römern fliehen muss.) Da Guiskards Sohn Bohemund am Ersten Kreuzzug teilnimmt und Fürst von Antiochia wird, vereinigt Rogers Sohn **Roger II.** (1095–1154) die beiden Herrschaften zum Königreich Sizilien. Doch schon

Roger II.

1198 fällt es über Rogers Tochter Konstanze an deren Sohn, Kaiser **Friedrich II.**

Sizilien

Nach dem Tod des Staufers belehnt Papst Clemens IV. (um 1200–68) seinen treuen Gefolgsmann, den französischen Prinzen **Karl I. von Anjou** (1226–85), mit Sizilien. Doch der ist wegen seiner harten Herrschaft äußerst unbeliebt. 1282 kommt es zur „Sizilianischen Vesper", einer Erhebung nach dem Abendgottesdienst (Vesper) am Ostermontag – der Legende nach, weil französische Soldaten ein sizilianisches Mädchen vergewaltigt hätten. **Peter III. von Aragon** (1240–85), der mit einer Enkelin Friedrichs II. verheiratet ist, kommt den Rebellen zu Hilfe, worauf Sizilien an das Haus Aragon (und später an Spanien) fällt. Die Päpste jedoch sind empört über die Entmachtung ihres Gefolgsmannes und bannen 100 Jahre lang alle sizilianischen Könige.

Neapel

In Unteritalien kann sich Karl I. von Anjou jedoch behaupten und gründet das Königreich Neapel. Seine Nachkommen versuchen, Sizilien zurückzuerobern, was jedoch misslingt. 1343 kommt Karls Urenkelin **Johanna** (um 1326–82) auf den Thron. Sie bringt ihren ersten Ehemann, einen unga-

rischen Prinzen, um und heiratet dann noch dreimal, erhält aber die Vergebung des Papstes, indem sie ihm die Stadt Avignon überlässt. Da ihre Kinder alle jung sterben, wird sie schließlich von ihrem Cousin **Karl von Durazzo** (1345–86) erst gezwungen, ihn als Erben zu adoptieren, und dann ermordet. Als Karl jedoch versucht, auch seine ungarischen Anjou-Verwandten zu „beerben", wird er ebenfalls ermordet. 1414 fällt das Reich an seine Tochter **Johanna II.** (1373–1435). Die nimmt sich diverse Liebhaber und macht ihr Land zum Spielball aller Interessenten. 1420 adoptiert sie Alfons V. von Aragon als Erben, da sie sich von ihm Beistand gegen ihre Anjou-Verwandten erhofft. Einige Jahre später ist sie der Meinung, Alfons wäre undankbar, und adoptiert ihren Verwandten René (1409–80), der gerade im Kerker sitzt, weil er im Kampf um Lothringen, das Erbe seiner Frau, von deren Verwandten gefangen genommen wurde. Es kommt zum Krieg zwischen Aragon und Anjou, den zunächst Renés Frau Isabella von Lothringen für die Anjou führt. Gewinner ist schließlich Alfons, der Neapel seinem unehelichen Sohn **Ferdinand** (1423–94) überlässt. Ferdinand und seine Nachkommen müssen sich aber gegen Eroberungsversuche des französischen Königs Karl VIII. erwehren. 1501 will dann der „Katholische König" **Ferdinand II. von Aragon** seinen kinderlosen Verwandten **Friedrich I. von Neapel** (1452–1504) mit Gewalt beerben. Friedrich reagiert, indem er sein Königreich an Ludwig XII. von Frankreich übergibt. Doch Ferdinand kann Neapel erobern und zu einem Teil Spaniens machen.

Das Königreich beider Sizilien

Nach dem Spanischen Erbfolgekrieg fallen Sizilien und Neapel an die Habsburger, werden jedoch bald von den spanischen Bourbonen zurückerobert. Karl III. überlässt die Länder 1759 seinem jüngeren Sohn **Ferdinand I.** (1751–1825), der 1806 von Napoleon aus Neapel vertrieben wird. 1815 erhält er es zurück, aber er und seine Nachfolger regieren das „Königreich beider Sizilien" derart autoritär, dass der italienische Freiheitskämpfer **Giuseppe Garibaldi** (1807–82) es 1860 erobern kann.

Das Haus Savoyen

Die Dynastie der späteren Könige von Italien hat ihre Wurzeln im 11. Jahrhundert. Der Adlige **Humbert Weißhand** (1003–48) bekommt 1033 von Kaiser Konrad II. Herrschaftsrechte in Savoyen zugestanden. 1046 erheiratet sich sein Enkel Teile des Pie-

Humbert Weißhand

monts. Durch geschicktes Taktieren zwischen Frankreich und dem Kaiserreich und teilweise sogar mit der Hilfe Englands können die Grafen von Savoyen ihre Macht ausbauen. 1416 wird Savoyen Herzogtum, 1418 werden die Herzöge zugleich Fürsten des Piemont. **Philibert II.** (1480–1504) erheiratet sich sogar den kurzzeitig Titel des Königs von Zypern, Jerusalem und Armenien. Doch als seine Frau, die erst zwölfjährige Yolanda, stirbt, ist eine Cousine deren Erbin. Trotzdem führen die Savoyer Herzöge die Titel noch einige Generationen lang weiter. Mehr bleibt auch Yolandas Cousine nicht übrig, denn alle drei Kreuzfahrerstaaten sind zu diesem Zeitpunkt längst wieder in der Hand der Araber.

Die italienischen Könige haben einen Papst im Stammbaum — zwar nur einen Gegenpapst, dafür ganz legitim. Denn der fromme Graf **Amadeus VIII. von Savoyen** (1383–1451) war schon Witwer und Vater diverser ehelicher Kinder, als er seine geistliche Laufbahn einschlug und 1429 als Felix V. von einem Teil des gespaltenen Konklaves zum Papst gemacht wurde. Da er aber nur von wenigen Ländern anerkannt wurde, gab er 1449 das Amt auf.

Das Königreich Sardinien-Piemont

1701 bricht der Spanische Erbfolgekrieg aus, in dem Savoyen Frankreich unterstützt. Zwölf Jahre erhält Herzog **Victor Amadeus** (1666–1732) im Frieden von Utrecht das Königreich Sizilien zugesprochen. Doch er gibt es

Sardinien

Das Königreich Sardinien war von Kaiser Friedrich II. für seinen illegitimen Lieblingssohn Enzio (um 1218–72) eingerichtet worden. Es wurde von den Königen von Neapel erobert, fiel 1323 an Aragon und gelangte von dort in den Besitz des Hauses Habsburg.

bald darauf an die Habsburger zurück und tauscht dafür Sardinien ein, das ebenfalls Königreich ist. 1831 stirbt die Hauptlinie des Hauses Savoyen aus und **Karl Albert von Savoyen-Carignan** (1798–1849) wird neuer König von Sardinien-Piemont. Er führt nach Unruhen 1848 die konstitutionelle Monarchie ein, zieht in einem Krieg gegen die Habsburger in Oberitalien allerdings den Kürzeren. Sein Sohn **Viktor Emanuel II.** (1820–78) nimmt erst einmal auf der Seite Frankreichs am Krimkrieg teil. Danach gewinnt er Napoleon III. für einen gemeinsamen Krieg gegen Österreich und erobert die Lombardei, obwohl dort der Bruder seiner Frau regiert.

Das Königreich Italien

Schon vor dem Sieg über Österreich haben sich Viktor Emanuel II. und sein Ministerpräsident **Camillo Benso Graf von Cavour** (1810–61) für die italienische Einheit ausgesprochen. Deswegen wird der neue König in der Lombardei auch schnell akzeptiert. 1861 fordert auch die Bevölkerung im von Garibaldi eroberten Sizilien den Anschluss an Piemont-Sardinien. Am 17. März 1861 wird Viktor Emanuel zum König von Italien ausgerufen. 1870 erobert er auch noch den Kirchenstaat. Das Stammland seiner Familie Savoyen muss er allerdings als Gegenleistung für die Waffenhilfe an Frankreich abtreten.

Viktor Emanuel III.

Umberto II.

Sein Enkel, der nur 1,48 Meter große **Viktor Emanuel III.** (1869–1947), ist wie viele Italiener nach dem Ersten Weltkrieg unzufrieden mit den mageren Gewinnen, die die Großmächte Italien zugestanden haben. Er sympathisiert mit **Benito Mussolini** (1883–1945), und als dieser 1922 seinen „Marsch auf Rom" durchführt, ernennt er ihn zum Ministerpräsidenten. In der Folge gibt er praktisch jede politische Macht an den Diktator ab, wird aber 1939 von diesem zum König von Albanien und 1941 zum Kaiser von Äthiopien gemacht. Als 1943 der Faschistische Großrat Mussolini absetzt und sich den Alliierten zuwendet, macht der König auch diese Wendung mit. 1946 dankt er zugunsten seines Sohnes **Umberto II.** (1904–83) ab. Doch nur einen Monat später beschließt Italien die Errichtung der Republik. Da Umberto das nicht anerkennt, darf seine Familie Italien nicht

mehr betreten. Das ändert sich erst 2002, als seine Nachfahren sich zur Republik bekennen. 2007 allerdings kündigt sein Sohn eine Schadensersatzklage gegen Italien in Höhe von 260 Millionen Euro an, worauf die italienische Regierung ihrerseits droht, das Haus Savoyen für seine Verfehlungen in der Mussolinizeit zur Verantwortung zu ziehen.

❓ Schon gewusst?

Nach dem Sturz Mussolinis ließ Hitler **Mafalda**, eine Tochter Viktor Emanuels III., die mit Philipp von Hessen (einem Sohn des Ex-Königs von Finnland) verheiratet war und vier Kinder hatte, verhaften und ins KZ **Buchenwald** bringen. Dort starb sie 1944 im Alter von 42 Jahren infolge eines US-Bombenangriffs und der mangelnden ärztlichen Versorgung.

Osteuropa

Um die erste Jahrtausendwende entstanden in Osteuropa mit Ungarn, Böhmen und Polen drei große christliche Königreiche. Doch nach dem Aussterben der einheimischen Dynastien der Arpaden, der Premysliden und der Piasten wurden sie immer mehr zum Spielball der Großmächte.

Der letzte polnische König im Krönungsornat: Stanislaus II.

Die ungarischen Könige

Die Ungarn sind bis ins 9. Jahrhundert ein nomadisches Hirtenvolk, das aus mehreren Stämmen besteht. Vermutlich sind **Almos** (um 820–895) und sein Sohn **Arpad** (um 845–907) die ersten Großfürsten, die über alle Clans herrschen. Als die Ungarn 955 die vernichtende **Niederlage auf dem Lechfeld** gegen das Kaiserreich hinnehmen müssen, wird Großfürst Fajsz (reg. 948–955) zwar entmachtet, aber durch einen Bruder oder Cousin ersetzt, sodass die Dynastie der Arpaden an der Macht bleibt.

Die Arpaden

Unter den neuen Herrschern Taksony (um 931–970) und seinem Sohn **Géza** (um 940–997) werden die Ungarn sesshaft. Um sein Reich im christlichen Europa zu konsolidieren, sucht Géza den Anschluss an das Kaiserreich. Er bittet Kaiser Otto I. um Missionare und lässt sich 972 taufen, bewusst

Stephan I.

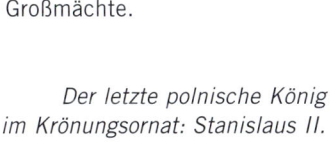

katholisch und nicht griechisch-orthodox. Gegenüber den Teilen des ungarischen Adels, die sich widersetzen, agiert er rigoros und lässt sogar Familienangehörige umbringen.

Sein Sohn **Stephan der Heilige** (969–1038) setzt diesen Kurs fort und stößt dabei auf großes Entgegenkommen bei dem frommen Kaiser Otto III., einem Cousin seiner Frau Gisela von Bayern. Im Jahr 1000 ernennt der Papst mit Zustimmung des Kaisers Stephan zum „Apostolischen König" von Ungarn. Um seinen Bemühungen um die Christianisierung Ungarns Dauer zu verleihen, reagiert allerdings auch Stephan wenig christlich. Nach dem Tod seines einzigen Sohnes lässt er seinen noch heidnischen Cousin und Erben blenden und macht **Peter** (um 1008–46), den Sohn seiner Schwester Maria und des venezianischen Dogen Otto Orseolo, zu seinem Nachfolger. Der bringt allerdings den ungarischen Adel gegen sich auf und wird seinerseits abgesetzt und geblendet. In der Folge kommt es zu heftigen Thronstreitigkeiten innerhalb der Arpadenfamilie. Ein Teil sucht dabei die Unterstützung des Kaiserreiches, während andere sich um die Hilfe Polens und Russlands bemühen. Außenpolitisch kann das Reich allerdings seine Stellung bewahren, sogar noch, als es 1240 von den **Mongolen** der Goldenen Horde verwüstet wird. Man schätzt, dass dabei mehr als die Hälfte aller Einwohner sterben. **Bela IV.** (1206–70) holt deshalb viele Siedler aus Westeuropa nach Ungarn. 1272 stirbt König **Stephan V.** und hinterlässt nur einen zehnjährigen Sohn, was zu Anarchie im Königreich und Angriffen der Nachbarn führt. 1301 sterben die Arpaden aus und **Wenzel III. von Böhmen** (1289–1306) sichert sich als Ladislaus V. die ungarische Krone. Doch weder er noch sein erwählter Nachfolger Otto III. von Bayern (Bela V.) können sich durchsetzen.

Die Anjous

Die Päpste jedoch betrachten das Apostolische Königreich Ungarn immer noch als päpstliches Lehen und haben einen passenden Nachfolger bereit: **Karl Robert** (1288–1342), den Enkel von Karl II. von Neapel und der ungarischen Prinzessin Maria. 1308 akzeptieren ihn ein Teil des ungarischen Adels, gegen den Rest setzt Karl I. sich gewaltsam durch. Er heiratet eine Schwester des polnischen Königs Kasimir des Großen, und als der kinderlos stirbt, wird Karls Sohn **Ludwig I.** (1326–82) auch König von **Polen**. Allerdings hat auch Ludwig nur zwei Töchter. Er verheiratet die ältere **Maria** (1370–95) mit dem späteren Kaiser Sigismund. In Ungarn können die beiden sich – allerdings nur mühsam

– durchsetzen, Polen müssen sie Marias jüngerer Schwester Hedwig überlassen. Nach Sigismunds Tod fällt Ungarn mit **Böhmen** an seinen Schwiegersohn **Albrecht von Habsburg** (1397–1439).

Abwehrkampf gegen die Türken

Als dieser stirbt und nur eine schwangere Frau hinterlässt, bieten die von den Türken bedrohten Ungarn die Krone dem polnischen König Wladyslaw III. an, der jedoch schon vier Jahre später in einer Schlacht gegen das Osmanenreich umkommt. Albrechts nachgeborener Sohn **Ladislaus V. Postumus** (1440–57), der Erbe

Ladislaus Postumus

Böhmens, Ungarns und Österreichs, wird zu dieser Zeit von seinem eigenen Onkel, Kaiser Friedrich III., der die Herrschaft über Österreich übernommen hat, gefangen gehalten.

In Ungarn regiert der Reichsverweser **Johann Hunyadi** (1407–56). 1453 lässt Kaiser Friedrich auf Drängen der Böhmen Ladis-

laus endlich frei. Als der junge König wenige Jahre später stirbt – vermutlich ein Giftmord – wählen die Ungarn **Matthias Corvinus** (1443–90), den Sohn Johann Hunyadis, zum neuen König. Wie sein Vater führt auch Matthias einen erfolgreichen Abwehrkampf gegen die Türken und kann zudem zeitweise Teile Böhmens erobern. Als er kinderlos stirbt, fällt Ungarn an den böhmischen König **Wladyslaw II**. Nach dem Tod von Wladyslaws Sohn **Ludwig II.** (1506–26) kommt es zum Bürgerkrieg zwischen Ludwigs Schwager, dem späteren Kaiser Ferdinand I., und dem Fürsten von Siebenbürgen **Johann Zapolya** (1487–1540), der von großen Teilen des ungarischen Adels zum neuen König gewählt wird. Während dieser Auseinandersetzungen geht ein Teil Ungarns an die Türken verloren. Der Rest fällt schließlich an Ferdinand.

Die böhmischen Könige

Die Legende erzählt, dass in der Zeit, in der noch mehrere slawische Stämme nebeneinander in Böhmen leben, Libuse, die Anführerin der Tschechen, in Bedrängnis gerät. Sie lässt nach einem Mann suchen, der „von einem eisernen Tisch speist", um ihn zu heiraten. Ihre Gesandten finden einen Pflüger namens Premysl, der seine Pflugschar als Teller benutzt, und dieser wird Stammvater der Premysliden. In Wahrheit weiß man sehr wenig über Böhmen im frühen Mittelalter. Vermutlich waren die Premysliden eine Sippe von Stammeshäuptlingen, die ihre Macht ab dem 9. Jahrhundert immer weiter ausbauen können, bis Kaiser Heinrich IV. im Jahr 1085 Fürst **Vratislav II.** (um 1035–92), der sich als treuer Verbündeter erwiesen hat, zum König von Böhmen macht.

Die Premysliden
Allerdings gilt die Rangerhöhung zunächst nur Vratislav persönlich. Seine Nachkommen herrschen

nur als Herzöge in Böhmen und haben alle Hände voll zu tun, sich gegen das benachbarte Polen zu behaupten. Erst Vratislavs Urenkel **Ottokar I.** (um 1155–1230) erringt durch seine Unterstützung des Staufers Philipp von Schwaben gegen den Welfen Otto IV. 1198 die erbliche Königswürde für sein Land. Ottokar und sein Sohn **Wenzel I.** (um 1205–53) machen dann aus dem ziemlich dünn besiedelten, rückständigen Böhmen einen modernen, wirtschaftlich prosperierenden Staat. Dazu holen sie u. a. deutsche Siedler ins Land, die die Hochlagen der Sudeten erschließen. Als es nach dem Tod Kaiser Friedrichs II. 1250 keine Zentralgewalt mehr im Kaiserreich gibt, nutzt Wenzels tatkräftiger Sohn **Ottokar II.** (um 1232–78) die Gunst der Stunde.

Er fällt ihn **Österreich** und der Steiermark ein, wo das Geschlecht der Babenberger ausgestorben ist, und eignet sich das Land an. Um den Schein der Legalität zu wahren, heiratet er die Schwester des letzten Herzogs, die fast 50 Jahre alte Margarete (lässt sich aber bald wieder scheiden). Ottokar glaubt, auch gute Chancen auf die deutsche Königskrone und damit auf die Kaiserwürde zu haben. Aber den übrigen Fürsten ist sein Ehrgeiz suspekt geworden. Sie wählen Rudolf von Habsburg. Der Böhmenkönig stirbt in der Schlacht gegen Rudolf und seinen Erben bleiben nur die Stammländer Böhmen und Mähren. Lange können sie sich daran jedoch nicht freuen. 1306 wird Ottokars Enkel **Wenzel III.** ermordet – von wem, ist nicht bekannt – und seine Länder fallen an den Mann seiner Schwester Elisabeth, an **Johann den Blinden** (1296–1346) aus dem Hause Luxemburg, den Sohn von Kaiser Heinrich VII.

Die Gegenkönige

1415 wird der böhmische Reformator **Jan Hus** auf dem Konzil von Konstanz als Ketzer verbrannt, obwohl Kaiser Sigismund, als Enkel Johanns auch König von Böhmen, ihm freies Geleit zugesagt hat. Es kommt zu den Hussitenkriegen, in denen sich nicht nur Glaubensunterschiede entla-

den, sondern auch die Wut der Tschechen gegen die von den Luxemburgern bevorzugten deutschsprachigen Böhmen. Und als 1457 der erst 17-jährige Habsburger **Ladislaus V. Postumus** stirbt, wählen die böhmischen Stände den vorherigen Reichsverweser **Georg von Podiebrad** (1420–71) zum neuen König. Der ist jedoch Hussit und wird vom Papst zum Ketzer erklärt. Außerdem fällt der ungarische König **Matthias Corvinus** in Böhmen ein und beansprucht die Krone für sich. Der kranke Georg macht nun den polnischen Prinzen **Wladyslaw II.** (1456–1516), mütterlicherseits ein Neffe von Ladislaus Postumus, zu seinem Nachfolger. Der Krieg zwischen Matthias und Wladyslaw endet 1479 damit, dass sie beide einen Teil von Böhmen regieren und der eine nach dem Tod des anderen Böhmen und Ungarn erbt. So geht Wladyslaw, der länger lebt, letztendlich als Sieger hervor. Doch sein Sohn **Ludwig II.** ertrinkt 1526 bei einer verheerenden Niederlage gegen die Osmanen in der Donau. Böhmen fällt an den Mann seiner Schwester Anna, Kaiser **Ferdinand I.** aus dem Hause Habsburg. Als die Böhmen knapp 100 Jahre später versuchen, ihren Habsburger König abzusetzen und mit **Friedrich V. von der Pfalz** (1596–1632) einen protestantischen Herrscher wählen, ist dies der Auftakt des Dreißigjährigen Krieges und der Beginn eines sehr rigiden Regiments der Habsburger, dem ein Großteil des tschechischen Adels in Böhmen zum Opfer fällt.

Die polnischen Könige

Der Herrscher, der große Teile des heutigen Polens einen kann, ist Fürst **Mieszko I.** (um 935–992) aus dem Geschlecht der **Piasten**. Er lässt sich um 966 taufen, was dazu führt, dass sein Land von den anderen europäischen Herrschern, namentlich den Kaisern, nicht mehr als zu eroberndes „Heidengebiet" behandelt werden kann. Stattdessen erhält Mieszko selbst den Segen des Papstes, die Territorien heidnischer Nachbarn zu erobern. Sein Sohn **Boleslaw I. Chrobry** (der Tapfere, 967–1025) kann die Stellung Polens ausbauen und durch eine Allianz mit Kaiser Otto III. im Jahr 1000 König werden. Von seinen Nachfolgern erhalten allerdings nur zwei die päpstliche Zustimmung zur Krönung und 1138 zerfällt das Land unter den Söhnen **Boleslaws III. Schiefmunds** in mehrere Herzogtümer. Erst **Kasimir der Große** (1310–70) kann die zahlreichen äußeren Konflikte diplomatisch lösen und innenpolitische Reformen durchführen.

Kasimir der Große

Die Jagiellonen

Kasimir hat jedoch keine legitimen Kinder, sodass sein Neffe **Ludwig I. von Ungarn** neuer Herrscher Polens wird. Da Polen Ludwig allerdings kaum interessiert, kommt es bald zu Aufständen. Als Ludwig 1384 stirbt, soll Polen eigentlich mit Ungarn an seine ältere Tochter Maria und deren Mann, Kaiser Sigismund, fallen. Die Polen rebellieren jedoch und machen Ludwigs jüngere

> **! König Hedwig**
>
> Hedwig von Anjou wird in Polen als König Hedwig (król Jadwiga) bezeichnet, da sie Herrscher von eigenem Recht war, und das Wort „królowa" nur eine Königsgemahlin bezeichnet.

Schon gewusst?

Die prunkvolle **Landshuter Hochzeit** im Jahr 1475, die noch heute als aufwendiges Historienfest begangen wird, war die Eheschließung des bayerischen Herzogs Georg des Reichen (1455–1503) mit Hedwig, einer Enkelin Wladyslaw Jagiellos. Trotz Georg Beinamen regierte er mit Bayern-Landshut nur ein Teilherzogtum, sodass es eine große Ehre für ihn war, eine Prinzessin aus dem reichen und mächtigen Polen zu bekommen. Glücklich wurden die beiden aber wohl nicht miteinander.

Tochter **Hedwig** (1373–99) zu ihrer Königin.

Außerdem lösen sie ihr Problem, vom Großfürstentum Litauen und dem Deutschen Ordensstaat bedroht zu sein, durch eine Allianz mit Litauen. Hedwig muss den litauischen Großfürsten **Jagiello** (1348–1434) heiraten, der sich taufen lässt und mit ihr als Wladyslaw II. das Großreich Polen-Litauen regiert, das 1410 dem Deutschen Orden bei Tannenberg eine entscheidende militärische Niederlage beibringen kann.

Doch nicht nur Hedwig, auch zwei weitere Frauen Wladyslaws sterben, ohne einen Erben zur Welt zu bringen. Erst eine vierte Ehe, die er im Alter von 71 Jahren

schließt, bringt zwei Söhne hervor. Unter ihnen und ihren Nachkommen erlebt Polen eine Blütezeit. 1572 jedoch stirbt **Sigismund II. August** ohne Nachkommen und Polen führt das Wahlkönigtum ein.

Sigismund II. August

Die Wahlkönige

Dieses System führt jedoch mit der Zeit ins politische Chaos. Die Könige müssen dem Adel Zugeständnisse machen, um ihre Wahl zu erkaufen, was ihre Macht schwächt, und die öffentlichen Aufgaben werden vernachlässigt. Ab 1652 hat dann jedes einzelne Mitglied des Adelsparlaments das Recht, mit seinem Veto Parlamentsbeschlüsse für ungültig zu erklären, was Polen nahezu unregierbar macht. Der erste gewählte König ist **Heinrich von Valois**, der jedoch schon ein Jahr später als Heinrich III. französischer König wird und sich nicht mehr um Polen kümmert. Es folgt der ungarische Adlige **Stephan Bathory** (1533–86), der erfolgreich Krieg gegen Russland führt und die Bedrohung durch die Osmanen diplomatisch abwehren kann. Nächster Herrscher ist der schwedische König **Sigismund III. Wasa** (1566–1632), den das den schwedischen Thron kostet. Obwohl (oder weil) sich Sigismund mit seinen Reformversuchen überhaupt nicht gegen den Adel durchsetzen kann, werden auch noch seine beiden Söhne polnische Könige. Der zweite Sohn **Johann II. Kasimir** (1609–72) muss 1688 abdanken, nachdem Polen durch jahrzehntelange Kriege vor einem wirtschaftlichen und sozialen Abgrund steht. Es folgen zwei polnische Adlige, darunter der legendäre **Jan Sobieski** (1629–96), der 1683 an der Spitze eines europäischen Koalitionsheeres die Türken vor Wien schlägt. Dann schmückt sich der sächsische Kurfürst **August der Starke** (1670–1733) mit dem Königstitel. Sein Versuch, auch in Polen absolutistisch zu regieren, scheitert und Misserfolge im Großen Nordischen Krieg führen dazu, dass ein Teil des Adels 1704 mit **Stanislaw Leszczynski** (1677–1766) einen Gegenkönig wählt. Augusts Tod löst dann einen Krieg der Großmächte aus. Denn Stanislaw hat 1709 ins Exil gehen müssen und ist dort Schwiegersohn des französischen Königs Ludwig XV. geworden. Dieser unterstützt nun seinen Thronanspruch, was Österreich und Russland dazu bewegt, sich auf die Seite von Augusts Sohn zu schlagen. 1735 einigen sich die Mächte und der Sachse **August III.** (1696–1763) darf den Thron besteigen. Allerdings ist der polnische Adel inzwischen derart verfeindet, dass jegliche politischen Aktionen unmöglich geworden sind.

August III.

Das Ende

Nach Augusts Tod setzt Zarin Katharina II. die Wahl ihres Liebhabers, des polnischen Adligen **Stanislaw August Poniatowski** (1732–98), zum neuen König durch. Diese Maßnahme verstärkt die herrschende Anarchie. Da die übrigen Großmächte Angst haben, Russland könne die Situation ausnutzen, um sich ganz Polen einzuverleiben, schlägt Friedrich II. von Preußen der Zarin und Kaiserin Maria Theresia 1772 vor, jede der drei Mächte solle für sie besonders interessante Teile Polens annektieren dürfen. In der Folge bemüht sich Stanislaw II. um Reformen und eine größere Unabhängigkeit Polens, hat aber keine Chance mehr. 1793 führen die Großmächte die zweite „Teilung" durch und 1795 verleiben sie sich den Rest ein.

Balkan

Mit dem Begriff „Balkanisierung" tut man die Aufsplitterung großer Reiche in eine Vielzahl kleiner, oft feindlicher Staaten ab. Auf
dem Balkan ist dies tatsächlich dreimal passiert: im frühen
Mittelalter durch die Schwächung des
Byzantinischen Reiches, im 19. Jahrhundert durch den Zerfall des Osmanischen Reiches und nach dem Ende
des Kalten Krieges 1989. Bei den beiden ersten Malen entstanden kleine
Königreiche, die jedoch wieder von
den Ereignissen der Geschichte über-
rollt wurden, ehe sie sich wirklich konsolidieren konnten – was dazu führte,
dass Probleme bis zur nächsten Unabhängigkeit verschleppt wurden.

Byzantinisches Mosaik:
Justinian und Theodora

Die byzantini-
schen Könige

Südosteuropa gehört in der Antike
zum Römischen Reich und wird
nach der Reichsteilung 395 zum
Zentrum des Oströmischen oder
Byzantinischen Reiches. Wie auch
in der weströmischen Hälfte gibt
es hier während der Völkerwanderungszeit viele Herrscher, die
vom Militär auf den Thron gebracht werden. Die bedeutendste
Gestalt ist **Justinian I.** (um 482–
565). Er ist ein Bauernsohn aus Il-
lyrien. Doch sein Onkel Justin hat
es als Offizier 518 zum Kaiser gebracht und baut den Neffen bei-

 **Könige in der griechi-
schen Antike**

Auch im antiken Griechenland
gab es in der Frühzeit Könige.
So wurde Athen, später für
seine Demokratie berühmt,
bis ins 7. Jahrhundert v. Chr.
von Königen beherrscht. Bedeutung erlangten aber nur
die Könige Makedoniens, die
im 4. Jh. v. Chr. ganz Griechenland (Philipp II.) bzw. ein
Weltreich (sein Sohn Alexander der Große) erobern konnten. Der letzte makedonische
König Perseus wurde 168 v.
Chr. von den Römern besiegt.

zeiten als Nachfolger auf, sodass dieser reibungslos den Thron übernehmen kann. Justinian legt die Grundlage zu einem starken und stabilen Reich, das aus der Sicht des Westens aber sehr fremd anmutet: reich und glanzvoll, aber auch geprägt von einem sehr absolutistischen Regierungsstil, einer starken Betonung gesellschaftlicher Hierarchien und großer Härte. Viele Herrscher werden umgebracht und gestürzt bzw. potenzielle Rivalen in großer Zahl getötet oder verstümmelt.

Kaiserin Irene und ihr Sohn

Kaiserin **Irene** (752–803) ist nach dem Tod ihres Mannes zunächst Regentin für ihren Sohn **Konstantin VI.** (um 771–797), weigert sich später aber, ihn an der Macht zu beteiligen. 790 rebelliert Kons-

Schon gewusst?

Weil Irene eine Frau war, betrachtete Papst Leo III. den römischen Kaisertitel während ihrer Regierungszeit als vakant. Deshalb nahm er sich das Recht heraus, Karl den Großen im Jahr 800 zum neuen Kaiser zu krönen. Byzantinische Quellen behaupten, Karl habe auch geplant, Irene zu heiraten. Ob das stimmt, ist zweifelhaft. Auch ohne Ehe erkannten Irenes Nachfolger 812 Karls Kaisertitel an.

tantin gegen seine Mutter und setzt sich nach zwei Jahren durch. Allerdings erweist sich Konstantin als wenig erfolgreicher Herrscher. Als es Bestrebungen gibt, seinen Onkel Nikephorus auf den Thron zu setzen, lässt er diesen blenden und seinen anderen vier Onkeln die Zunge ausreißen. Als er auch noch eine Revolte seiner anfangs

! Purpurgeborene

Im Westen stehen in der Regel in der Erbfolge die älteren Kinder vor ihren jüngeren Geschwistern. Im Byzantinischen Reich richtete sich die Stellung der Geschwister nach dem Rang, den ihr Vater bei ihrer Geburt hatte. Kinder eines amtierenden Kaisers wurden als Purpurgeborene bezeichnet. Das bezieht sich erstens auf die purpurfarbenen Gewänder, die ihr Vater trug, andererseits auf die Porphyra, einen mit purpurfarbenem Marmor ausgekleideten Saal, in dem die Kaiserkinder traditionell zur Welt kamen. Purpurgeborene Prinzessinnen wurden nur äußerst selten ins Ausland verheiratet. Theophanu z. B., die 972 Kaiser Otto II. heiratete, war nur eine Nichte des regierenden Kaisers und man weiß nicht einmal, ob eine direkte oder eine entfernte. Trotzdem galt die Ehe als großer Coup für das Kaiserreich.

treu ergebenen armenischen Garde grausam niederschlagen lässt und sich von seiner Frau trennt, um seine Mätresse zu heiraten, wenden sich entscheidende Kreise wieder Irene zu. Die besiegt ihren Sohn und lässt ihn blenden. Wenige Tage darauf stirbt er. Seine Mutter wird 802 gestürzt und stirbt im Exil.

Die Komnenen

Die wichtigste byzantinische Dynastie ist die der Komnenen. Ihr Gründer **Isaak Komnenos** (um 1005–61) ist Sohn eines Offiziers und Zögling des Kaisers **Basileios II.** (958–1025). Der gilt als fähiger Herrscher, doch nach seinem Tod brechen Wirren aus, in deren Mittelpunkt Basileios Nichte Zoe und ihre wechselnden Ehemänner stehen. 1057 setzt sich die Opposition schließlich durch und macht Isaak zum neuen Herrscher. Der ordnet zwei Jahre erfolgreich die Politik, wird dann krank und gibt seinen Thron zugunsten von Konstantin X. Dukas auf, was erst einmal die Familie Dukas an die Macht bringt. Erst 1081 wird Isaaks Neffe **Alexios I. Komnenos** (1048–1118) vom Heer zum Kaiser ge-

Manuel I.

macht. Er kann das Reich wieder stabilisieren. Seine Herrschaft, die seines Sohnes **Johannes II.** (1087–1143) und seines Enkels **Manuel I.** (1118–80) gelten als mittelalterliche Blütezeit des Byzantinischen Reiches.

Nach Manuels Tod kommt es wieder zu innerfamiliären Kämpfen

 Schon gewusst?

Außer Otto II. heiratete auch der Staufer Philipp von Schwaben eine byzantinische Prinzessin. Ihr Vater **Isaak II. Angelos** (1155–1204) war am Sturz von Andronikos Komnenos beteiligt und wurde sein Nachfolger. Die Staufer hofften, über ihn Einfluss in Byzanz zu bekommen. Kaiser Heinrich VI. träumte sogar davon, seinen Bruder Philipp zu Isaaks Nachfolger zu machen und so die beiden Kaiserreiche zu vereinen. Doch Isaak erwies sich als schlechter Verbündeter. Er agierte unklug, unzuverlässig und grausam. Schließlich wurde er von seinem eigenen Bruder Alexios entmachtet, geblendet und jahrelang gefangen gehalten. Was blieb, waren eine kurze, aber vermutlich sehr glückliche Ehe zwischen Philipp und Irene Angelina und vier Töchter, die in die Häuser Kastilien, Böhmen, Niederlothringen und Braunschweig einheirateten.

zwischen der Partei seiner Witwe und der seines Sohnes. In dieser Situation gewinnt **Andronikos** (um 1122–85), ein Neffe Manuels, die Kontrolle. Er lässt sowohl Tante als auch Cousin samt einem Großteil ihrer Anhänger umbringen. Dann beginnt er eine selbstherrliche, gegen den Adel gerichtete, aber relativ volksfreundliche Politik, was dazu führt, dass er 1185 gestürzt, drei Tage gefoltert und schließlich ermordet wird.

Das Ende

Schon die Komnenen aber verlieren immer mehr Reichsgebiete an die türkischen **Seldschuken**. Alexios I. sendet deshalb einen Hilferuf an Papst Urban II. mit übertriebenen Gräuelberichten von der Unterdrückung der Christen im Heiligen Land. Es kommt daraufhin 1066 zum Ersten, aus christlicher Sicht erfolgreichen **Kreuzzug** und engen, auch dynastischen Verbindungen zwischen Byzanz und den Kreuzfahrerstaaten Jerusalem, Antiochia, Edessa, Zypern und Armenien. Allerdings scheitern alle nachfolgenden Kreuzzüge und 1203 ruft **Alexios IV. Angelos** (1182–1204) gar ein Kreuzfahrerheer zu Hilfe, um sich gegen seinen Onkel **Alexios III.** (reg. 1195–1203) durchzusetzen. Die Aktion funktioniert, aber Konstantinopel wird fürchterlich verheert und Alexios

IV. und sein blinder Vater Isaak II. können sich nur ein Jahr an der Macht halten. Ihren Sturz nehmen die Teilnehmer des Vierten Kreuzzugs zum Vorwand, Konstantinopel zu erobern und ein **Lateinisches Kaiserreich** zu errichten, dessen Herrscher die Grafen von Flandern werden. Reste des Byzantinischen Reiches bleiben jedoch als **Kaiserreich von Nizäa** in griechischer Hand und 1261 kann Kaiser **Michael Palaiologos** (um 1224–82), der unter seinen Vorfahren sowohl Komnenos-, wie Dukas- und Angelos-Herrscher hat, das Lateinische Kaiserreich erobern und das Byzantinische Reich wiederherstellen. Allerdings sind viele Gebiete verloren gegangen und Michael sieht sich neuen Gegnern gegenüber, wie Karl I. von Anjou, dem König von Neapel und Sizilien. Diesen schafft er sich vom Hals, indem er die Sizilianische Vesper, den Umsturz zugunsten des Hauses Aragon in Sizilien, mitfinanziert. Seine Nachfahren können den Verfall des Reiches jedoch nicht stoppen. **1453** erobern die

Konstantin XI. Palaiologos

Türken mit Konstantinopel die letzte oströmische Bastion. Kaiser **Konstantin XI. Palaiologos** (1404–53) wird vermutlich bei den Kämpfen getötet.

Die Balkankönigreiche im Mittelalter

Auch der nördliche Balkan ist in der Antike und im frühen Mittelalter Teil des Byzantinischen Reiches. Seine Bevölkerung setzt sich aus den Abkömmlingen der antiken Thraker, Slawen und Nachfahren der asiatischen Nomadenvölker wie Hunnen, Alanen und Bulgaren zusammen. Im Laufe des Mittelalters wird der Einfluss Ostroms immer schwächer und es können sich eigenständige Königreiche bilden.

Das Bulgarenreich

678 kommen die turksprachigen Bulgaren auf der Flucht vor einem anderen Turkvolk, den Chasaren, auf den Balkan und unterwerfen große Teile. Sie errichten ein Khanat und nötigen die byzantinischen Kaiser sogar zu Tributzahlungen, stehen diesen aber auch gegen die Araber bei. Obwohl die ersten Khane eine teilweise christenfeindliche Politik betreiben, setzt sich im Laufe der Zeit die christlich-slawische Kultur durch. 864 lässt sich Khan **Boris I.** (gest. 907) auf den Namen Michael tau-

fen. 893 zieht er sich in ein Kloster zurück und übergibt den Thron seinem jüngeren Sohn **Simeon** (864–927). Dieser hat sich zuvor eigentlich auf eine Mönchslaufbahn vorbereitet und in Konstantinopel Theologie und Philosophie studiert. Als Herrscher betreibt er dann aber eine höchst erfolgreiche Eroberungspolitik. Byzanz wird wieder tributpflichtig und 917 erklärt sich Simeon der Große zum **Zar** der Bulgaren und Oströmer. Seine Nachfolger haben sich allerdings gegen eine Allianz aus Byzantinern, Russen und Kroaten zu behaupten und werden mit zunehmenden internen Problemen, wie Hungersnöten der Bevölkerung, konfrontiert. 971 erobert Byzanz den Osten des Landes und 1018 ganz Bulgarien. 1186 führen die Brüder Iwan und Theodor Peter Asen jedoch einen erfolgreichen Aufstand gegen Kaiser Isaak II. Angelos durch und Bulgarien wird wieder selbstständig. Iwans Sohn **Iwan II. Asen** (gest. 1241) macht Bulgarien zur stärksten Macht auf dem Balkan. Unter seinen Nachfolgern brechen jedoch innerfamiliäre Konflikte und Auseinandersetzungen mit dem Adel aus. Um 1370 teilt der letzte starke Herrscher **Iwan Alexander** (reg. 1331–71), der wohl mütterlicherseits aus der Asendynastie stammt, das Reich unter seinen Söhne auf. Diese Teilreiche werden bis 1422 nach und nach dem Osmanischen Reich einverleibt.

Iwan Alexander

Das Königreich Kroatien

Die kroatischen Fürstentümer unterstehen zunächst Byzanz. Als dieses aber im 10. Jahrhundert Verbündete gegen Bulgarien braucht, gesteht es dem kroatischen Fürsten **Tomislav** 924 den Königstitel zu. Vier Jahre später verschwindet er spurlos und sein jüngerer Bruder wird sein Nachfolger. Unter seinem Nachfolger gehen jedoch Gebiete verloren und Kroatien gerät teilweise unter venezianische und byzantinische Oberhoheit. 1091 stirbt König **Stephan II.** kinderlos. Daraufhin marschiert dessen Schwager, der ungarische König Ladislaus, in Kroatien ein. 1102 können sich die ungarischen Könige endgültig in Kroatien durchsetzen. Die bei-den Länder werden in Personalunion regiert und beide später Teil des Habsburger Imperiums.

Das Königreich Serbien

Die serbischen Fürstentümer stehen im frühen Mittelalter zunächst unter byzantinischer, später teils auch unter bulgarischer Herrschaft. Im 11. Jahrhundert sucht Fürst **Mihailo Vojislavljevic** (reg. 1052–81) von Dioklitien (heute Montenegro) dann in Papst Gregor VII. einen Alliierten gegen Byzanz. Da es 1054 zum Schisma zwischen Ost- und Westkirche gekommen ist, steht Gregor osteuropäischen Verbündeten sehr positiv gegenüber und krönt Mihailo zum König von Serbien. Doch schon der zweite seiner Söhne, der ihm nachfolgt, wird entmachtet. 1118 wird Dioklitien von der verwandten Dynastie der **Uroševic** aus Raszien (Südwestserbien) unterworfen. Im späten 12. Jahrhundert kann sich dann **Stefan Nemanja** (um 1113–1200), aus einer Nebenlinie dieser Dynastie, mit byzantinischer Rückendeckung als Großzupan aller Serben durchsetzen. Später verbündet er sich mit Kaiser Friedrich Barbarossa gegen den schwachen oströmischen Kaiser Isaak II. und erreicht die serbische Selbstständigkeit. Sein Sohn **Stefan Nemanja II.** (gest. 1227) wird 1217 zum König von Serbien gekrönt.

Wer sich im Mittelalter eigenmächtig vom Fürsten zum König machte, riskierte Ärger mit den Nachbarn. Die meisten neuen Königreiche, so auch Serbien 1077 und 1217, entstanden, indem die Fürsten beim Papst darum ersuchten und dann als Zeichen der Zustimmung die Krönungsinsignien geschickt bekamen. Dabei war es sehr hilfreich, wenn sich andere mächtige Herrscher, vornehmlich die Kaiser, für die Kronanwärter verwandten.

Die Dynastie der Nemanjiden stirbt mit **Stefan Uros V.** (1337–71) aus. Er soll ein toleranter und integrer Charakter gewesen sein, trägt aber den Beinamen „der Schwache", weil er sich nicht gegen innere und äußere Feinde hat durchsetzen können. Unter seiner Herrschaft zerfällt Serbien. Nach seinem Tod unterwerfen die Osmanen immer mehr serbische

Schlacht auf dem Amselfeld

Fürstentümer. Fürst Lazar Hrebeljanovic versucht, den Widerstand zu organisieren, fällt aber in der **Schlacht auf dem Amselfeld** am 28. Juni 1389 und gilt in der orthodoxen Kirche deswegen als Märtyrer sowie in der Überlieferung als Zar (Kaiser) ehrenhalber. 1459 sind auch die letzten serbischen Fürsten unterworfen.

 Der Gekrönte

Alle Herrscher der Nemanjiden trugen den ersten Namen Stefan. Ihr richtiger Vorname war jedoch der zweite Name. Stefan wurde in seiner griechischen Bedeutung (der Gekrönte) als eine Art Königstitel verwendet.

Die Balkankönigreiche der Neuzeit

Ab 1821 kämpfen sich die Balkanvölker von dem schwächer werdenden Osmanischen Reich frei. Allerdings mischen sich die Großmächte in die Frage ein, welche Staaten entstehen, da man ein Gleichgewicht der Interessen bewahren will. Letztendlich geht dies schief und führt zum Ersten Weltkrieg.

Griechenland
Die Griechen beginnen 1821 einen Krieg gegen die Türkei, den

sie mit der Hilfe von Großbritannien, Frankreich und Russland 1827 gewinnen. Das Land wird zunächst Republik. Doch die Interessenlage, sowohl in Griechenland selbst als auch unter den Großmächten, ist so heterogen, dass es Staatspräsident **Ioannis Kapodistrias** (1776–1831) keinem recht machen kann und schließlich ermordet wird. Daraufhin beschließen die Großmächte die Einrichtung eines Königreiches mit einem westeuropäischen Fürsten. Nachdem zwei andere Kandidaten abgelehnt haben, einigt man sich auf den erst 16-jährigen Sohn des griechenlandbegeisterten Königs Ludwig I. von Bayern. König **Otto** (1815–67) ist jedoch weder politisch begabt noch durchsetzungsfähig genug, um die schwierige Situation zu meistern. 1862 zwingt ihn ein Aufstand ins Exil. Nächster König wird Prinz Wilhelm (1845–1913), ein Sohn Christians IX. von Dänemark, als **Georg I**. Er kann sich besser behaupten, wird jedoch von einem geistig verwirrten Anarchisten ermordet. Sein Sohn **Konstantin I.** (1868–1923) wird 1917 zur Abdankung gezwungen, weil er nicht gegen Deutschland und seinen Schwager Wilhelm II. Krieg führen möchte. 1920 darf er zurückkehren, kann aber im Krieg gegen die Türkei keine Erfolge erringen und muss wieder gehen. Ihm folgt sein ältester Sohn **Ge-**

org II. (1890–1947), der jedoch zwei Jahre später einer griechischen Republik weichen muss. Da diese nicht der gewünschte Erfolg ist, organisieren die Monarchisten 1935 seine Rückkehr. Er macht **Ioannis Metaxas** (1871–1941) zum neuen Ministerpräsidenten, der eine Diktatur errichtet. 1941 flieht Georg vor den faschistischen Truppen Italiens, Deutschlands und Bulgariens ins Exil. Nach dem Krieg kommt es dann zum Bürgerkrieg, der sich auch an der Frage „Monarchie oder Republik" anheizt. Die Monarchisten siegen, doch Georg und seinen Nachfolgern gelingt es nicht, zu einer Versöhnung zwischen Rechten und Linken im Land beizutra-

Exkönig Konstantin II. mit seiner Frau Anne-Marie

gen. 1967 putscht das Militär, um eine Mitte-Links-Regierung zu verhindern. Georgs Neffe **Konstantin II.** (geb. 1940) muss ins Exil gehen und wird 1973 offiziell abgesetzt (hat aber bis heute nicht auf den Thron verzichtet).

Rumänien

Die beiden rumänischen Fürstentümer Moldau und Walachei schließen sich 1861 – noch unter osmanischer Oberhoheit – zum Staat Rumänien zusammmen. Der erste Fürst, der moldawische Adlige **Alexandru Ioan Cuza** (1820–73), wird jedoch 1866 gestürzt. Man sucht nun einen westeuropäischen Herrscher – da man sich damit eine Unterstützung des Westens bei der angestrebten Unabhängigkeit erhofft – und wird in Karl von Hohenzollern-Sigmaringen (1839–1914) fündig. Seine Empfehlungen: Er gilt als liberal, politisch intelligent, spricht mehrere Sprachen und ist sowohl mit den deutschen als auch den französischen Kaisern verwandt. Als **Carol I.** wird er erst Fürst und nach dem gewonnenen Unabhängigkeitskrieg gegen die Türkei 1881 König von Rumänien. Er erweist sich als guter, effizienter, wenn auch keineswegs volkstümlicher Herrscher und bewahrt bei Kriegsausbruch Neutralität, obwohl es ihn persönlich schwer ankommt, Deutschland nicht zu unterstützen. Sein Neffe **Ferdi-**

Karl II.

nand I. (1865–1927) schlägt sich dann auf die Seite der Entente, womit Rumänien bei Kriegsende zu den Siegern gehört und beträchtliche Gebietsgewinne verzeichnen kann. Nach seinem Tod wird sein Sohn **Karl** (1893–1953) wegen „unmoralischen Lebenswandels" (eine jüdische Geliebte) von der Thronfolge ausgeschlossen und Karls sechsjähriger Sohn **Michael** (geb. 1921) neuer König. Doch nach drei Jahren im Exil trennt sich Karl von seiner Geliebten, kehrt nach Rumänien zurück und übernimmt den Thron. 1938 errichtet er eine Diktatur, um faschistische Politiker von der Regierung fernzuhalten. Es kommt zu bürgerkriegsähnlichen Zuständen. 1940 werden Teile Rumäniens von der Sowjetunion, Bulgarien und Ungarn annektiert. Karl beruft **Ion Antonescu** (1882–1946) zum Ministerpräsidenten und dankt ab. Während Michael nominell weiter König ist, errichtet Antonescu ein faschistisches Regime, das mit Hitlerdeutschland koaliert. 1944 greift König Michael ein, setzt Antonescu ab und ersucht die Sowjetunion um Frieden. Rumänien wird trotzdem von der Roten Armee besetzt und Michael 1947 zur Abdankung gezwungen.

Bulgarien

Bulgarien wird 1878 auf dem Berliner Kongress von den Großmächten als Fürstentum wieder gegründet. Fürst wird **Alexander von Battenberg** (1857–93) aus einer Seitenlinie des Hauses Hessen-Darmstadt (ein Großonkel des englischen Prinzgemahls Philipp). Als Neffe der Zarin und ehemaliger russischer Offizier regiert er zunächst pro-russisch, was zu einer starken Opposition im Land führt. Als er dieser nachgibt, wenden sich die russischen Unterstützer von ihm ab. 1885 kommt es in Ostrumelien, einem noch unter türkischer Herrschaft stehenden Teil Bulgariens, zu einer Revolution und schließlich zur Vereinigung mit Bulgarien. Daraufhin erklärt Serbien, das eine Übermacht Bulgariens auf dem Balkan fürchtet, dem Land den Krieg. Den kann Alexander erfolgreich bestehen, wird aber 1886 durch einen Putsch pro-russischer Offiziere zur Abdankung gezwungen. Danach kann jedoch Österreich seinen Kandidaten, Ferdinand von Sachsen-Coburg und Gotha (1861–

1948), durchsetzen. **Ferdinand I.,** der sich ab 1908 als König von Bulgarien bezeichnet, versucht sein Reich auf Kosten der zerfallenden Türkei weiter zu vergrößern. Dies funktioniert zunächst, isoliert Bulgarien aber auf dem Balkan und führt schließlich zu Kriegen und Gebietsverlusten. Den Ersten Weltkrieg verliert er an der Seite Deutschlands und Österreichs und dankt zugunsten seines Sohnes **Boris III.** (1894–1943) ab. Nach mehreren Aufständen und Putschen errichtet Boris eine Militärdiktatur und entscheidet sich im Zweiten Weltkrieg für die deutsche Seite, weigert sich aber sowohl, die bulgarischen Juden auszuliefern, als auch, Russland den Krieg zu erklären. Als er an einem Herzanfall stirbt, wird sein Bruder **Kyrill** (1895–1945) Regent und erklärt die bulgarische Neutralität. Trotzdem wird das Land von der Roten Armee besetzt und Kyrill mit mehreren Ministern hingerichtet. Der letzte Zar, Boris' kleiner Sohn **Simeon II.** (geb. 1937), wird mit Mutter und Schwester ins Exil geschickt. Er wächst in Spanien auf, kehrt 1996 aber nach fast 50-jährigem Exil nach Bulgarien zurück, gründet eine konservative Partei und wird von 2001 bis 2005 als Simeon Sakskoburggotski Ministerpräsident. Er ist mit einer spanischen Adligen verheiratet und hat fünf Kinder.

Serbien

Zwischen 1804 und 1815 gibt es zwei serbische Aufstände gegen die Osmanen. Am Ende setzen die Serben durch, dass der Führer des zweiten Aufstandes, **Milos Obrenovic** (1783–1860), ein früherer Viehhändler, Fürst von Serbien wird. Seine Regentschaft wird jedoch schnell despotisch. U. a. lässt er seinen Konkurrenten Dorde Petrovic, genannt **Karadorde** (um 1762–1817), umbringen. Doch 1842 kann Karadordes Sohn **Alexander I.** (1806–86) die Macht erringen. Auch er stellt die serbische Führungsschicht nicht zufrieden und muss 1858 wieder zugunsten von Milos abdanken. 1878 erkämpft sich das Fürstentum seine Unabhängigkeit und 1882 wird Milos' Sohn **Milan**

Milan I.

(1854–1901) König von Serbien. Er lehnt sich politisch eng an Österreich an. Dieser Kurs ist jedoch bei großen Teilen des Volkes, die eher auf Russland vertrauen, nicht populär.
Milans Sohn und Erbe **Alexander** (1876–1903) und seine Frau

Draga (1876–1903), eine bürgerliche, skandalumwitterte Witwe, machen sich dann bei vielen Serben durch Günstlingswirtschaft und Willkür verhasst und werden 1903 ermordet. An die Macht kommt nun **Peter I.** (1844–1921), der Sohn von Fürst Alexander aus dem Haus Karadordevic, der seit 1858 in Genf im Exil lebt. Obwohl es keinen Beweis gibt, dass er mit den Attentätern in Verbindung steht, ist das Ansehen der neuen Regierung durch die Morde vorbelastet – unabhängig davon, dass der Ruf Alexanders und Dragas auch im Ausland extrem schlecht gewesen ist. In Serbien aber ist ein Bündnis mit Österreich, das Milan und Alexander stützte, politisch nicht mehr möglich. Peter I. wendet sich also

Russland zu, was den serbischen Nationalisten (zu denen auch der später für geisteskrank erklärte Kronprinz Georg gehört) gewaltigen Auftrieb gibt. Sie träumen von einem serbischen Großreich, dem auch das zu Österreich gehörende Kroatien und das von Österreich annektierte Bosnien-Herzegowina angehören. In den folgenden Jahren verschärfen sich die Agitation der serbischen Nationalisten auf der einen Seite und der harte antiserbische Kurs Österreichs. Der westlich erzogene und eigentlich recht liberale König Peter tut wenig, diesen Nationalismus einzudämmen, was ihn in den Augen Österreichs zum Mitschuldigen macht. Als 1914 ihr Thronfolger Franz Ferdinand in Sarajewo von proserbischen bosnischen Nationalisten erschossen wird, machen die Österreicher Serbien dafür verantwortlich und lassen sich – auch durch ein recht weitgehendes Entgegenkommen der serbischen Regierung und die akute Weltkriegsgefahr – nicht davon abhalten, einen Krieg gegen Belgrad zu beginnen.

Das Königreich Jugoslawien

Da aus dem österreichisch-serbischen Krieg tatsächlich ein Weltkrieg wird, den Österreich verliert, wird 1918 der serbische Traum wahr: Auf dem Balkan entsteht ein großes, slawisches Königreich. In dem serbisch dominierten Staat gibt es jedoch von Anfang an starke Spannungen und Peters Sohn **Alexander I.** (1888–1943) verschärft sie noch. Er gesteht den anderen Völkern keine Autonomie zu und setzt 1929 eine „Königsdiktatur" durch, gestützt auf eine kleine Schar serbischer Parteigänger. 1934 wird er ermordet. Verantwortlich sind die faschistische kroatische Bewegung Ustascha, die immer stärker wird, und eine mazedonische Rebellenorganisation. Die Regierung übernimmt sein Cousin **Paul** (1893–1976). Als dieser jedoch 1941 die jugoslawische Neutralität zugunsten Hitler-Deutschlands aufgibt, wird er vom eigentlichen König, Alexanders Sohn **Peter II.** (1893–1976), gestürzt. Jugoslawien wird umgehend von Deutschland angegriffen und muss schnell kapitulieren. Peter II. geht ins Exil. Unterdessen führen die kommunistischen Partisanen den Kampf gegen die Faschisten weiter. Nach dem Sieg gründen sie die Volksrepublik Jugoslawien. Peters Nachkommen jedoch halten ihren Anspruch auf den Thron immer noch aufrecht.

Peter II. von Jugoslawien

Skandinavien

Sowohl Dänemark als auch Schweden und Norwegen sind heute noch Monarchien. Doch von der Zeit der ersten Wikingerkönige im frühen Mittelalter bis zu den heutigen, recht bürgerlich wirkenden und weitgehend skandalfrei lebenden Staatsoberhäuptern, von Gorm dem Alten zu Königin Margarethe, von Harald Schönhaar zu Harald V. erlebten die herrschenden Dynastien in den skandinavischen Ländern viel Auf und Ab.

Margarethes Sarg im Dom von Roskilde

Die skandinavischen Könige des Mittelalters

Im frühen Mittelalter ist Skandinavien von Wikingerclans besiedelt. Allmählich bilden sich erst kleinere, dann größere Reiche. Über ihre Herrscher wie Ragnar Lodbrok oder Björn Eisenseite berichten die skandinavischen Sagas, ihre historische Existenz ist aber umstritten und selbst wenn sie wirklich gelebt haben, können sie höchstens Kleinkönige gewesen sein.

Dänemark

Als erster wirklicher König Dänemarks gilt **Gorm der Alte** (gest. 958) aus der Dynastie der Jellinger, der über große Teile Jütlands herrscht. Sein Sohn **Harald I.**

Blauzahn (um 910–987) kann um 970 seine Macht auch auf Südnorwegen und das schwedische Schonen ausdehnen und sein Enkel **Sven Gabelbart** (um 965–1014) sogar auf England.

Sven Gabelbart bei der Beerdigungsfeier für seinen Vater Harald Blauzahn

Die Bluetooth-Technologie für die Vernetzung von modernen Kommunikationsgeräten wurde nach Harald Blauzahn benannt, der auch mehrere skandinavische Regionen miteinander verband. Allerdings glauben die meisten Historiker heute nicht mehr, dass sein Beiname (dän.: Blatand) wirklich „Blauzahn" bedeutete.

Unter Sven Gabelbarts Enkeln kommt es allerdings zu Thronstreitigkeiten, die schließlich der Sohn seiner Tochter, **Sven Estridsson** (um 1020–74), für sich entscheiden kann. Er soll ein gelehrter Mann gewesen sein, der sich um eine Annäherung an das Kaiserreich bemüht und für die Etablierung des Christentums in Dänemark gesorgt hat – aber wahrscheinlich mehr aus politischen Erwägungen heraus als aus persönlicher Frömmigkeit. Unter seinen Söhnen (allesamt unehelich) und Enkeln kommt es wieder zu Konflikten, die den Bestand des Reiches jedoch nicht erschüttern. Svens Urenkel **Waldemar I.** (1131–82) gelingt dann eine innere Versöhnung, eine militärische Sicherung Dänemarks nach außen und eine Allianz mit Friedrich Barbarossa. Seine Nachkommen erobern zeitweise Holstein, Mecklenburg und Pommern, verlieren

einen Großteil ihrer Besitzungen aber wieder. Unter **Waldemar IV. Atterdag** (um 1321–75) wird Dänemark erneut eine Macht im Ostseeraum. Doch als er stirbt, steht nur seine Tochter Margarethe als Erbin bereit.

Schweden

In Schweden tauchen mit Erik dem Siegreichen (etwa 945–995) und seinem Sohn **Olav Skötkonung** (um 980–1022), der das Christentum einführt, die ersten historisch greifbaren Könige auf, die zumindest über große Teile Süd- und Mittelschwedens herrschen. Doch die Datenlage über diese Frühzeit Schwedens ist schlecht und die Dynastien wechseln mehrmals.

 Schon gewusst?

Olav Skötkonung wird in älteren Quellen oft als Olav Schoßkönig bezeichnet. Tatsächlich aber wissen die Historiker nicht, was Skötkonung bedeutete. Heute ist die gängigste Erklärung „Schatzkönig". Das könnte sich darauf beziehen, dass Olav die ersten Münzen prägen ließ.

Im 13. Jahrhundert kann Jarl Birger von Bjälbo (um 1210–66), der mit einer Schwester des schwachen Königs **Erik Erikson** (1216–50) verheiratet ist, einen

Aufstand des Adels gegen das Königtum niederschlagen. Nach Eriks Tod wird Birgers ältester Sohn **Waldemar** König. 1309 erbt sein Urenkel **Magnus II.** (1316–74) über seine Mutter auch die norwegische Krone. Magnus verwickelt sich aber in heftige Thronstreitigkeiten mit seinen eigenen Söhnen. Schließlich holt der schwedische Adel seinen Neffen **Albrecht von Mecklenburg** (um 1338–1412) ins Land. Die Siegerin des Bürgerkrieges ist aber schließlich Magnus' Schwiegertochter Margarethe I. von Dänemark (1353–1412).

Norwegen

Als der erste norwegische König gilt **Harald I. Schönhaar** (um 852–933). Er herrscht über große Teile der Westküste. Die Details über sein Leben sind jedoch eher der Sagaliteratur zuzurechnen als historisch ernst zu nehmen. Das gilt auch für seine Nachfolger. Der bedeutendste unter ihnen ist

Harald Schönhaar

Olav II. der Heilige (995–1030), der sein Ururenkel gewesen sein soll. Er soll in seiner Jugend viele Wikingerfahrten gemacht haben und Norwegen, das kurzzeitig an den dänischen König Sven Gabelbart gefallen war, wieder erobert haben. Olavs Halbbruder mütterlicherseits, **Harald Hardrada** (1015–66), stirbt bei dem Versuch, die Krone Englands zu erringen. Er hat jedoch bereits erwachsene Söhne, die die Herrschaft in Norwegen fortführen. Sein Enkel **Magnus Barfuß** (um 1073–1103) erobert die Orkneys,

 ### Die Birkebeiner

Die **Birkebeiner** waren eine Rebellengruppe in den norwegischen Bürgerkriegen, die zeitweise als Gesetzlose in den Wäldern lebten und sich dort Birkenrinde gegen die Kälte um die Beine wickelten. Am 1. Januar 1204 starb König Hakon III. und sein gleichnamiger Sohn war noch ein Baby. Daraufhin brachten die beiden besten Skiläufer der Birkebeiner den Thronerben in einem abenteuerlichen Marsch über die Berge in Sicherheit. 1223 wurde der nun 19-jährige Hakon IV. allgemein als König anerkannt, was das Ende der Bürgerkriege bedeutete. Zum Andenken gibt es noch heute in Norwegen Birkebeiner-Skirennen.

die Färöer und Man. Als er stirbt, hinterlässt er drei uneheliche Söhne. Später tauchen dann noch zwei weitere Anwärter auf, die als Söhne von König Magnus das Thronrecht beanspruchen. Dies führt zu einer ganzen Serie von Bürgerkriegen zwischen verschiedenen Adelscliquen und ihren Thronanwärtern, die sich bis 1223 hinziehen. 1319 stirbt **Hakon V.** ohne männliche Erben und Norwegen fällt an den Sohn seiner Tochter, **Magnus II. von Schweden**. Magnus wiederum übergibt Norwegen 1343 an seinen ältesten Sohn **Hakon VI.** (um 1341–80). Der heiratet Margarethe von Dänemark.

Die Kalmarer Union

Als 1375 ihr Vater stirbt, kann **Margarethe** (1353–1412) relativ problemlos in Dänemark die Regentschaft im Namen ihres kleinen Sohnes **Olav** (1370–87) übernehmen und nach dem Tod ihres Mannes fünf Jahre später auch die in Norwegen. Die junge Regentin erweist sich als so erfolgreiche Politikerin, dass sie ohne Probleme zur Interimskönigin ernannt wird, als ihr Sohn stirbt. Sie macht ihren Großneffen Bogislaw von Pommern als **Erik VII.** (um 1382–1459) zum neuen König und behält die Zügel in der Hand. 1388 bietet ihr auch das krisengeschüttelte Schweden die Krone an, die sie dem inzwischen höchst unbeliebten Albrecht von Mecklenburg ein Jahr später entreißen kann. 1397 wird Erik in Kalmar zum König aller drei Länder gekrönt. Nach Margarethes Tod an der Pest erbt Erik VII. ein blühendes Großreich, agiert jedoch erfolglos, beschwört zahlreiche Konflikte herauf und wird 1439 zugunsten seines Neffen **Christoph von der Pfalz-Neumarkt** (1416–48) abgesetzt. In Schweden kommt es jedoch zum Widerstand gegen die Union. Während der nächsten 100 Jahre können sich dort die dänischen Könige nur zeitweise gegen mehrere Gegenkönige und Reichsverweser durchsetzen.

Die dänischen Könige

Als König Christoph kinderlos stirbt, bietet der Kronrat die Krone

Christian I.

Herzog Adolf von Holstein und Schleswig an, der sowohl dänischer als auch deutscher Fürst ist. Doch dieser verzichtet zugunsten seines Neffen **Christian von Oldenburg** (1426–81). Damit kommt das Herrscherhaus auf den Thron, das ihn heute noch besetzt.

Das Haus Oldenburg

Christians Enkel **Christian II.** (1481–1559) kann 1420 seine Krönung im rebellischen Schweden durchsetzen, lässt aber im „Stockholmer Blutbad" trotz vorheriger Amnestieversprechen über 100 schwedische Adlige und sogar Bischöfe als Ketzer hinrichten. Damit verschafft er sich den

Ruf eines Tyrannen und provoziert einen neuen Krieg. Drei Jahre später verjagen ihn auch die Dänen aufgrund seiner adelsfeindlichen, jedoch bauernfreundlichen Politik und machen seinen Onkel **Friedrich I.** (1471–1533) zum neuen König. **Friedrich III.** (1609–70) schafft es schließlich Reichsrat und Reichstag abzuschaffen und führt den Absolutismus in Dänemark ein.

Das Haus Schleswig-Holstein-Sonderburg-Glücksburg

1863 stirbt König Friedrich VII. ohne männlichen Nachfolger. Das Erbe übernimmt Prinz Christian

 Schon gewusst?

1767 lernte der psychisch kranke König **Christian VII. von Dänemark** (1749–1808) auf einer Reise den Arzt **Johann Friedrich Struensee** (1737–72) aus Halle kennen. Struensee gewann das Vertrauen des Königs in einem solchen Maße, dass er bald an dessen Stelle regierte. Er setzte Ideen der Aufklärung wie Pressefreiheit, Abschaffung der Folter, allgemeine Bildung und ein modernes Gesundheitssystem um, agierte aber in einem selbstherrlichen Stil. Dass er eine Affäre mit der Königin **Caroline Mathilde** (1751–75), einer englischen Prinzessin, begann, störte den notorisch untreuen König, der seine Frau nie mochte, nicht. 1771

brachte die Königin eine Tochter zur Welt, Louise Auguste (die Urgroßmutter von Kaiserin Auguste Viktoria, der Frau Wilhelms II.), deren Vater vermutlich Struensee war. 1772 wurde er von seinen Gegnern am dänischen Hof gestürzt und öffentlich hingerichtet (Köpfen, Vierteilen, aufs Rad flechten). Die Königin, die sehr unter der Trennung von ihren Kindern litt, musste ins Exil nach Celle gehen, wo sie nach drei Jahren an Scharlach starb. Struensees Reformen wurden zunächst rückgängig gemacht, doch Christians Sohn **Friedrich VI.** (1768–1839) übernahm mit 16 Jahren die Regentschaft und leitete wieder einen liberalen Kurs ein.

von Schleswig-Holstein-Sonderburg-Glücksburg (1818–1906) aus einer Seitenlinie des Hauses Oldenburg. Sein Enkel **Christian X.** (1870–1947) kapituliert zwar 1940 kampflos vor Nazideutschland, da militärischer Widerstand illusorisch gewesen wäre, kämpft dann aber mit unermüdlichem persönlichem Einsatz gegen eine Einmischung der Besatzer in die inneren Angelegenheiten Dänemarks. Auf diese Weise können nahezu alle dänischen Juden gerettet werden. Seit 1972 ist seine Enkelin **Margarethe II.** (geb. 1940) Königin von Dänemark. Die auch als Designerin und Buchillustratorin tätige Königin ist mit dem französischen Grafen **Henri Laborde de Monpezat** (geb. 1934) verheiratet und hat zwei Söhne. Kronprinz **Frederik** (geb. 1968) nimmt im Jahr 2000 an einer Durchquerung Grönlands mit Schlittenhunden teil und heiratet 2004 die Australierin **Mary Donaldson** (geb. 1972), die er während der Olympischen Spiele in Sidney kennen gelernt hat.

Die Könige von Schweden

Unter den adeligen Opfern des „Stockholmer Blutbades" im Jahr 1420 ist auch der Vater von **Gustav Wasa** (1496–1560). Er selbst befindet sich zu diesem Zeitpunkt auf der Flucht und organisiert von Nordschweden her den Widerstand gegen Christian II. von Dänemark. 1423 kann er die letzten dänischen Soldaten aus Schweden vertreiben und wird vom schwedischen Reichstag zum neuen König gewählt.

Die Wasas

Gustavs Enkel **Sigismund III.** (1566–1632), mütterlicherseits ein Neffe des letzten polnischen Jagiellonenkönigs, wird 1587 zum König von Polen gewählt, was dazu führt, dass ihn 1599 sein Onkel **Karl IX.** (1550–1611) in Schweden stürzt. Karls Sohn **Gustav II. Adolf** (1594–1634) begründet dann mit Kriegen gegen Dänemark und Polen und durch eine Modernisierung der schwedischen Armee die schwedische Großmachtstellung und erwirbt sich als Retter der deutschen Pro-

Margarethe II. mit ihrem Mann Prinz Henrik

Unter den Gelehrten, die Christine nach Stockholm holte, war auch der französische Philosoph und Mathematiker **René Descartes** (1596–1650). Er starb jedoch schon nach wenigen Monaten. Manche Forscher meinen, er sei vergiftet worden. Andere glauben, dass er sich im kalten schwedischen Winter eine Lungenentzündung holte, zumal die Königin die Angewohnheit hatte, ihn regelmäßig frühmorgens um fünf zu sich zu zitieren.

testanten im Dreißigjährigen Krieg einen legendären Ruf. Allerdings fällt er in der Schlacht von Lützen. Doch sein Kanzler **Axel Oxenstierna** (1583–1654) führt Gustav Adolfs Politik im Namen seiner Tochter **Christine** (1626–89) weiter und kann Vorpommern, Rügen und Bremen zeitweise für Schweden gewinnen. Volljährig geworden führt Christine einen äußerst prunkvollen Hof und fördert vor allem Wissenschaft und Kunst. Sie ist jedoch nicht gewillt, eine Heirat einzugehen. 1654 dankt sie ab, überlässt den Thron ihrem Cousin Karl von Pfalz-Zweibrücken-Kleeburg, konvertiert zum Katholizismus und lässt sich in Rom nieder, wo sie sich ganz ihren intellektuellen Neigungen widmet.

Wittelsbach, Hessen, Holstein

Mit **Karl X.** (1622–60) kommt eine Nebenlinie des Hauses Wittelsbach auf den schwedischen Thron, doch der Name Wasa wird bis 1818 beibehalten. 1700 greifen Dänemark, Sachsen und Russland Schweden an, um dessen Hegemoniestellung im Ostseeraum zu brechen. Doch Karls Enkel, der junge **Karl XII.** (1682–1718), erweist sich als militärisches Genie und kann zunächst alle Gegner schlagen. Doch dann überschätzt er sich, marschiert 1708 in Russland ein und verliert alles wieder. Am Ende des Großen Nordischen Krieges löst Russland Schweden als beherrschende Ostseemacht ab.

Nach Karls frühem Tod regiert zunächst seine Schwester Ulrike Eleonore, dann sein Schwager Friedrich von Hessen und schließlich Adolf Friedrich von Schleswig-Holstein-Gottorp, der Neffe eines weiteren Schwagers Karls. Dessen Sohn **Gustav III.** (1746–92) bricht dann die Macht des schwedischen Adels und wird dafür von einem Offizier auf einem Maskenball erschossen. Sein extrem konservativer und von einem geradezu krankhaften Hass auf Napoleon besessener Sohn **Gustav IV. Adolf** (1778–1837) wird 1809 zugunsten seines schon kranken Onkels **Karl XIII.** (1748–1818) abgesetzt.

Die Bernadottes

Als 1810 der designierte Kronprinz, ein Neffe Karls XIII., stirbt, treffen die Schweden eine höchst unorthodoxe Entscheidung: Da sie einen Krieg mit Russland fürchten, wählen sie einen von Napoleons Offizieren, **Jean-Baptiste Bernadotte** (1763–1844), einen Anwaltssohn aus der Gascogne, unter dem Namen Karl Johann zum Thronerben. Angesichts von Napoleons zunehmendem Machthunger schließt der ehemalige französische Marschall sich dann allerdings der anti-napoleonischen Allianz an, was Schweden nach dem Sieg über Napoleon Norwegen einbringt. Karl XIV. Johann, der unpassenderweise eine Tätowierung mit der Parole „Mort aux rois" (Tod den Königen) hat, regiert selbst zwar erfolgreich, aber ziemlich selbstherrlich. Sein Sohn **Oskar I.** (1799–1859), ein Patenkind Napoleons, bringt dann liberale Reformen auf den Weg, sein Urenkel **Gustav V.** (1858–1950) sorgt für einen außenpolitisch neutralen Kurs, den Schweden in beiden Weltkriegen beibehält (wobei es allerdings eine wirtschaftliche Zusammenarbeit mit

 Schon gewusst?

Obwohl sowohl Jean-Baptiste Bernadotte als auch seine Frau Desirée Clary, eine Händlerstochter aus Marseille und ehemalige Verlobte Napoleons, Bürgerliche waren, war es den Mitgliedern des schwedischen Königshauses lange verboten, nicht ebenbürtige Ehen einzugehen. Wer dies tat, galt nicht länger als Mitglied des Königshauses, wie etwa **Lennart Bernadotte** (1909–2004), der als Schöpfer der Blumeninsel Mainau bekannt wurde, oder der ehemalige Präsident des Roten Kreuzes, **Folke Bernadotte** (1895–1948), der während des Zweiten Weltkriegs rund 20.000 skandinavische KZ-Häftlinge rettete und 1948 als UN-Vermittler im Palästinakonflikt von israelischen Terroristen ermordet wurde. Der König war jedoch von diesen Einschränkungen ausgenommen, sodass Carl Gustav seine Silvia heiraten konnte, ohne den Thron zu verlieren.

König Carl XVI. Gustav mit Kronprinzessin Victoria

Nazideutschland gibt). Seit 1973 regiert Gustavs Urenkel **Carl XVI. Gustav** (geb. 1946). 1976 heiratet er die deutsche Dolmetscherin **Silvia Sommerlath**, die er bei den Olympischen Spielen in München 1972 kennen gelernt hat. Das Paar hat drei Kinder. Thronfolgerin ist – nachdem seit 1980 auch die weibliche Erbfolge zugelassen ist – die älteste Tochter **Victoria** (geb. 1977).

Die Könige von Norwegen

Norwegen gehört erst zum schwedischen, ab 1523 zum dänischen und ab 1814 wieder zum schwedischen Königreich. 1905 erklärt das norwegische Parlament die Unabhängigkeit. Kurzzeitig droht ein Krieg, doch als sich in einer Volksabstimmung nahezu 100 Prozent der Norweger für die Selbstständigkeit aussprechen, gibt König Oskar II. von Schweden nach. Norwegen wählt nun Carl, einen Sohn des dänischen Königs Friedrich VIII. und der schwedischen Prinzessin Louise, als **Haakon VII.** (1872–1957) zum neuen König. Der neue König bemüht sich sehr, sich an die norwegischen Gegebenheiten – vor allem an die sehr egalitäre Gesellschaftsstruktur – anzupassen, und wird schnell populär. Nach der Besetzung Norwegens durch die Deutschen 1940 weigert er sich mit dem Satz, er diene nur der norwegischen Verfassung, mit der faschistischen Regierung zusammenzuarbeiten. Aus dem englischen Exil heraus unterstützen er und sein Sohn Alexander, der als **Olav V.** (1903–91) den Thron besteigt, den norwegischen Widerstand und sorgen auch dafür, dass die Rote Armee das besetzte Norwegen nach dem Krieg wieder räumt. Auch Olav V. wird ein extrem volkstümlicher König, der während der Ölkrise 1971 mit der U-Bahn an den Holmenkollen zum Skifahren fährt. Seit 1991 regiert sein Sohn **Harald V.** (geb. 1937). Er ist mit der Unternehmerstochter **Sonja Haraldsen** verheiratet (musste allerdings neun Jahre mit seinem Vater um die Erlaubnis zur Eheschließung mit einer Bürgerlichen ringen) und hat zwei Kinder. Kronprinz **Haakon** (geb. 1973) heiratet 2001 **Mette-Marit Tjessem Høiby** (geb. 1973), eine Studentin mit unehelichem Sohn.

Kronprinz Haakon und Mette-Marit mit ihren Kindern

Die Beneluxländer

Auch Holland, Belgien und Luxemburg haben heute noch ein adeliges Staatsoberhaupt. Alle drei Staaten sind jedoch relativ junge Monarchien, die erst entstanden sind, nachdem die Länder sich ihre Unabhängigkeit erkämpft hatten, weshalb die Geschichte ihrer Fürstenhäuser vergleichsweise unspektakulär ist.

Wilhelm I. von Oranien-Nassau

Die holländischen Könige

Die heutigen Niederlande gehören im Mittelalter teils zum Kaiserreich, teils zu Frankreich. Über Maria von Burgund kommen sie an das Haus Habsburg und nach der habsburgischen Teilung 1556 zu Spanien. Das kann nicht gut gehen: Die Niederlande sind zu diesem Zeitpunkt das modernste, reichste Staatswesen Europas, das von Maria von Burgund weitgehende politische Freiheiten zugestanden bekommen hat und zudem größtenteils protestantisch ist. Philipp II. von Spanien dagegen ist der konservativste und katholischste Herrscher Europas. Es kommt in den Niederlanden schnell zum Aufstand und 1579 zur Gründung der Republik der Freien Niederlande.

Das Haus Oranien-Nassau

Führer des Aufstandes ist der königliche Statthalter der Grafschaften Holland, Zeeland und Utrecht, der Fürst **Wilhelm von Oranien-Nassau** (1533–84). Nach der Unabhängigkeit werden die Statthalter der Provinzen frei gewählt, jedoch haben Wilhelm und seine Nachkommen meist die wichtigsten Statthalterschaften inne, die ab 1747 dann sogar erblich werden. Nach der Besatzung durch Napoleon entschließen sich die Niederländer 1815, ihr Land tatsächlich in ein Königtum umzuwandeln. Erster Herrscher wird **Wilhelm I.** (1772–1843), der Sohn des früheren Erbstatthalters Wilhelm V. von Oranien-Nassau (1748–1806).

Zum Königreich der Niederlande gehört anfangs noch das heutige Belgien, doch Wilhelm I. ignoriert

Das Verhältnis zwischen den Niederlanden und dem Haus Habsburg war gut, solange dort Frauen regierten. Erster Statthalter war **Margarethe** (1480–1530), die Tochter Marias von Burgund. Margarethe heiratete 1501 den Herzog Philibert II. von Savoyen und regierte das Fürstentum, während ihr Mann lieber auf die Jagd ging. Als sie schon nach drei Jahren sehr glücklicher Ehe Witwe wurde, weigerte sie sich, erneut zu heiraten. Stattdessen widmete sie sich der Politik und der Erziehung ihrer Nichten und Neffen, darunter Kaiser Karl V. und seiner Schwester **Maria**. Die wurde ebenfalls nach kurzer, glücklicher Ehe (mit Ludwig II. von Ungarn) Witwe und machte sich dann als Nachfolgerin ihrer Tante als Landesmutter der Niederlande verdient. Auch sie zog ihre Erbin selbst heran: **Margarethe von Parma**, eine uneheliche Tochter Karls V. und einer Flämin. Margarethes versöhnliche Politik passte vielen spanischen Hardlinern jedoch nicht, weshalb sie durch den berüchtigten Herzog von Alba abgelöst wurde, der mit seinem Regime den Startschuss zum Freiheitskampf der Niederlande gab. Nach der Abspaltung der „Freien Niederlande" hatten die „Spanischen Niederlande", das heutige Belgien, dann mit Margarethes Nichte **Isabella Clara Eugenia** noch einmal eine Regentin. Die war zwar die Lieblingstochter Philipps II., aber nichtsdestotrotz eine auf Frieden und Ausgleich bedachte Herrscherin.

die Belange der dortigen Bevölkerung und missachtet sowohl den katholischen Glauben als auch die französische Sprache. Deshalb erklären sich die belgischen Provinzen 1830 für unabhängig und können dies nach acht Jahren auch militärisch durchsetzen. Wilhelm I. sieht sich daraufhin gezwungen, zugunsten seines gleichnamigen Sohnes zurückzutreten. Als Prinz hatte **Wilhelm II.** (1792–1849) sich als verwegener Offizier in englischen Diensten bei der Schlacht von Waterloo ausgezeichnet. Als König regiert er zunächst konservativ, bis er unter dem Eindruck der Unruhen von 1848 der Einrichtung einer parlamentarischen Monarchie zustimmt. Sein Sohn **Wilhelm III.** (1817–90) ist über die Reformen so erbost, dass er am liebsten auf den Thron verzichten würde, was ihm sein Vater aber schlichtweg verbietet. Als König versucht er anfangs, Macht zurückzugewinnen, später zieht er sich weitgehend aus der Politik zurück und widmet sich der Produktion von unehelichen Kindern. Entsprechend unglücklich ist auch seine

Alle drei niederländischen Königinnen hatten deutsche Ehemänner, was bei ihrem Volk nicht unbedingt auf Sympathie stieß. Wilhelmina heiratete 1901 **Heinrich von Mecklenburg-Schwerin** (1876–1934), eine Ehe, die ziemlich unglücklich wurde, u. a. weil der Prinz es nicht verwinden konnte politisch keine Rolle zu spielen. Ihre Tochter Juliana heiratete 1937 **Bernhard zur Lippe-Biesterfeld** (1911–2004), der zuvor mit der NSDAP sympathisiert hatte, aber mit der Hochzeit alle Kontakte abbrach und während des Krieges im alliierten Planungsstab mitarbeitete. Prinz Bernhard, ein begeisterter Flieger, war einerseits Mitbegründer des WWF und der Bilderbergkonferenz, eines wirtschaftlichen Gesprächszirkels, machte andererseits aber auch durch Affären und Skandale von sich reden. Mit der Königin hatte er vier Töchter. Beatrix war mit dem Diplomaten **Claus von Arnsberg** (1926–2002) verheiratet. Da er in der Hitlerjugend und der Wehrmacht gewesen war, wurde er zunächst stark angefeindet, konnte aber später große Sympathien durch sein Engagement für die Dritte Welt und die offene Art, wie er mit seiner Depressionserkrankung umging, gewinnen.

Ehe mit der gebildeten und politisch liberalen Prinzessin Sophie von Württemberg. Nach ihrem Tod heiratet er im Alter von 61 Jahren die 20-jährige **Emma von Waldeck-Pyrmont** (1858–1934), die ein Jahr später Wilhelmina zur Welt bringt, das einzige legitime Kind, das Wilhelm überlebt.

Die Ära der Königinnen

Nach Wilhelms Tod führt zunächst seine Witwe die Regierung und kann die Zustimmung zur Monarchie bei den Niederländern wieder deutlich steigern. 1898 übernimmt dann Königin **Wilhelmina** (1880–1962) die Staatsgeschäfte. Sie meistert Krisen wie den Ersten Weltkrieg, die Unruhen danach, die Weltwirtschaftskrise, den Zweiten Weltkrieg, während dem sie in London eine Exilregierung führt, und die Dekolonisierung. Während sie beim Volk und Militär ungeheuer populär ist, legt sie sich mit den Politikern ihres Landes immer wieder an. 1948 dankt sie zugunsten ihrer Tochter **Juliana** (1909–2004) ab. Diese wird ähnlich beliebt wie die Mutter, z. B. da sie ihre Einkäufe höchstpersönlich mit dem Fahrrad erledigt. Seit 1980 ist ihre älteste Tochter **Beatrix** (geb. 1938) Königin. Sie hat drei Söhne. Thronfolger **Willem-Alexander** (geb. 1967) ist Mitglied des Internationalen Olympischen Komitees und des UN-Gremiums Wasser und Gesundheit. 2002 heiratet er die Argentinierin **Maxima Zorreguieta** (geb. 1971). Maximas Vater darf allerdings nicht an der Trauung teilnehmen, da er Mitglied des argentinischen Videla-Regimes (von 1976 bis 1983) war.

Kronprinz Willem-Alexander und Maxima bei ihrer Hochzeit 2006

Die belgischen Könige

Belgien erkämpft sich 1830 seine Unabhängigkeit von den Niederlanden. Der Nationalkongress, der die neue Verfassung ausarbeitet, beschließt, eine Monarchie zu errichten, allerdings eine sehr liberale, in der Rechte des Parlamentes gegenüber dem König stärker sind als in jedem anderen Königreich dieser Zeit. Die Suche nach einem Herrscher gestaltet sich allerdings schwierig. Der belgische Adel lehnt ab, einen holländischen Prinzen will man nicht und gegen einen französischen Prinzen er-

hebt England Einspruch. Schließlich findet man mit **Leopold von Sachsen-Coburg** (1790–1865) einen geeigneten Kandidaten.

Das Haus Sachsen-Coburg

Leopolds Sohn **Leopold II.** (1835–1909) versucht dann, das kleine Belgien durch ein großes Kolonialreich aufzuwerten, und kann tatsächlich den Kongo erwerben, wo jedoch derart viele Grausamkeiten an der einheimischen Bevölkerung begangen werden, dass die „Kongogräuel" selbst in einer Zeit, in der man Kolonialismus als legitim betrachtet, für Empörung sorgen.

Zeitgenössische Karikatur Leopolds II.: Majestät Schachtelteufel

Sein Nachfolger wird sein Neffe **Albert** (1875–1934). Dieser ist wegen seines tapferen Verhaltens während des Ersten Weltkrieges und persönlichen Engagements während des Wiederaufbaus weit populärer als sein Onkel. Sein Sohn **Leopold III.** (1901–83) dagegen erzeugt im Zweiten Weltkrieg mit seiner Entscheidung, relativ schnell vor Hitler zu kapitulieren und in – recht bequeme – deutsche Kriegsgefangenschaft zu gehen, großen Unmut. Nach dem Krieg plädiert vor allem der wallonische Bevölkerungsanteil für seine Abdankung, worauf Leopold 1951 zugunsten seines Sohnes **Baudouin** (1930–93) auf den Thron verzichtet. Derzeitiger König ist Baudouins jüngerer Bruder **Albert II.** (geb. 1934). Er ist mit der italienischen Adligen **Paola Ruffo di Calabria** (geb. 1937) verheiratet und hat drei Kinder. Kronprinz **Philippe** (geb. 1960) wiederum ist mit einer belgischen Adligen und Psychologin, **Mathilde d'Udekem d'Acoz** (geb. 1973), verheiratet und hat vier Kinder, von denen das älteste, **Elisabeth** (geb. 2001), einmal die erste Königin der Belgier werden könnte.

König Albert II. von Belgien und Königin Paola

❗ Die Großherzöge von Luxemburg

Das kleinste der Beneluxländer war nie ein Königreich, sondern eine Grafschaft, die lange zum Kaiserreich und ab 1477 zum persönlichen Hausgut der Habsburger gehörte. 1795 wurde es von den französischen Revolutionstruppen besetzt und nach Napoleons Sturz auf dem Wiener Kongress zu einem selbstständigen Großherzogtum gemacht, das aber in Personalunion mit den Niederlanden verbunden war. Doch das Luxemburger Erbrecht sah keine weiblichen Herrscher vor und als in den Niederlanden Königin Wilhelmina den Thron bestieg, wurde ein sehr entfernter Verwandter von ihr, **Herzog Adolf von Nassau-Weilburg** (1817–1905), neuer Großherzog von Luxemburg. Als auch Adolfs Sohn **Wilhelm IV.** 1912 ohne Söhne starb, wurde die Erbfolgeregelung geändert. Großherzoginnen waren nacheinander seine Töchter **Marie-Adelheid** (1894–1924), die später Nonne wurde, und **Charlotte** (1896–1985), die mit einem Prinzen von Bourbon-Parma verheiratet war. Seit dem Jahr 2000 regiert ihr Enkel Henri (geb. 1955). Er ist mit der Exilkubanerin Maria Teresa Mestre (geb. 1956) verheiratet, die er während des Studiums (Politikwissenschaft) kennenlernte, und hat fünf Kinder.

Register